将数字数据转化为资产的前沿技术！

图解 NFT

将数据转化为资产的能力

［日］增田雅史　著

刘洪岩　王春芸　译

U0304326

机械工业出版社

CHINA MACHINE PRESS

真正的"NFT 入门书"！
欢迎来到 NFT 的商业世界

2021 年 NFT 突然成了流行词，进入 2022 年以后依然热度不减。其间，活用 NFT 的商业、服务发生了很多变化，区块链及 NFT 领域继续蓬勃发展。2022 年 1 月，全球最大的 NFT 交易平台"OpenSea"仅半个月的交易额就打破了 2021 年 8 月创下的 34 亿美元的单月最大交易额纪录，一度引发热议。

就这样，NFT 蓬勃发展起来。那么，究竟什么是 NFT(Non-Fungible Token，即非同质化代币)？发行、交易、持有 NFT 有什么意义？活用 NFT 能给我们带来哪些好处？在对这些问题一无所知的情况下，不经意地看到新闻中出现了这个关键词……这样的人应该很多吧！我自己在参与 NFT 相关的研讨会和接受采访的过程中，也深切地体会到阐释清楚这一课题的难度之大。

本书旨在帮助那些想要了解 NFT 的读者熟悉互联网的革命——区块链和 NFT，并利用插图介绍 NFT 的基础知识及其商业构成。

2017 年年底，NFT 初露头角，我开始接受以区块链游戏为主的咨询业务。但是，作为律师，起初我涉及的领域主要是游戏和数字内容，我的职业生涯与日本内容产业的发展同向同行。之后，随着比特币等虚拟货币领域的快速发展，我开始投身于金融监管领域，担任日本金融厅的常务专家，负责区块链相关法律修订项目的立项工作。

当时我只知道作为律师，我的专业领域增加了。不料，NFT 热潮来袭，我一跃成为兼通内容和区块链两个领域法务的稀缺人才，各种咨询业务纷至沓来，非常幸运。

2021 年 10 月，我作为策划人和主编之一，与 NFT 领域多位知名学者共同编著的书籍《NFT 教科书》在朝日新闻出版社正式出版，并有幸得到了多方的大力支持。

在此前后，知名大型 IT 企业纷纷表示要进军 NFT 市场，电视新闻节目中也经常出现 NFT 专题栏目。即使是对 NFT 不感兴趣的人，接触到 NFT 这一词的概率也在不断增加。

在这样的背景下，本书希望通过通俗易懂的插图，让从未接触过区块链和加密货币的读者能够了解 NFT 商业的全貌。

"在很多媒体上都能听到 NFT 这个词，但还是不明白它是什么意思""想利用 NFT 进行商业活动"……本书不仅会解决这些问题，还会涉及开展 NFT 商业时必须直面的法律、会计问题的要点等。可以说，本书是在我作为"NFT 综合顾问"工作经验的基础上写就的。

若本书能够加深读者对 NFT 的理解，帮助读者将 NFT 融入今后的日常生活和商业活动中，我将备感荣幸。

增田雅史

目 录

前言 ………… 2

Chapter 01
第一章

数字数据变成资产！
"NFT 商业的可能性"

01 NFT 到底是什么？
Non-Fungible Token（非同质化代币）………… 12

02 突飞猛进的 NFT 商业市场
内容和权利的流通革命 ……… 14

03 活用 NFT 的类型
收藏品、稀缺性 ……………… 16

04 NFT 始于区块链游戏
加密猫 ………………… 18

05 数字艺术品掀起 NFT 风潮
《每一天：最初的 5000 天》… 20

06 社交网络的投稿价值数亿日元！？
——高价交易的 NFT 实例①
纪念品 ………………… 22

07 小学生创作的 NFT 大受欢迎！
——高价交易的 NFT 实例②
二次出售（转售） 24

08 烧毁班克西画作后将其数字化为 NFT？
——高价交易的 NFT 实例③
NFT 的艺术价值 ………… 26

09 NFT 的四大特征
唯一性、可交易性、互操作性和可编程性 ………… 28

10 NFT 的可能性①
——全球瞩目的日本 IP 商业
商业 ………………… 30

11 NFT 的可能性②
——NFT 中诞生的商机
粉丝交流 ………………… 32

12 NFT 的可能性③
——艺术的进化
证明、变化 ………………… 34

专 栏
需要掌握的 NFT 商业用语① ………………… 36

Chapter 02
第二章

NFT 商业的大前提！
"区块链"的基础知识

01 区块链到底是什么？
收录交易历史的台账 ········· 40

02 区块链的特征①
没有中央系统进行管理
去中心化系统 ··············· 42

03 区块链的特征②
由分散的计算机运营
P2P 网络、节点、分布式
系统 ······················ 44

04 区块链的特征③
极难篡改信息
区块、链、工作量证明、权益
证明 ······················ 46

05 区块链的三种类型
公有链、私有链、联盟链 ···· 48

06 从加密货币的代表
——用比特币解读"区块链"
比特币 ···················· 50

07 有"交易"之意的"事务"的
作用和内容
事务 ······················ 52

08 区块链技术中不可或缺的"散
列函数"是什么？
散列函数 ··················· 54

09 NFT 交易中不可或缺的"钱
包"机制
钱包、私钥 ················· 56

10 作为交易窗口的"钱包 APP"
钱包 APP、钱包地址 ········ 58

11 区块链的优缺点
信用、个人信息 ············· 60

12 NFT 和加密货币有什么区别？
FT（同质化代币）、NFT（非同质化
代币）····················· 62

13 新发行 NFT 的行为
——"Mint"是什么？
Mint ······················ 64

14 NFT 中不可或缺的"智能合
约"和"以太坊"
智能合约、以太坊 ··········· 66

15 比特币和以太坊本质上的不同
通用性 ···················· 68

16 NFT 中使用以太坊的问题
燃气费 ···················· 70

17 激活 NFT 的区块链开发
特殊代币 ··················· 72

专 栏
需要掌握的 NFT 商业
用语② ···················· 74

Chapter 03

第三章

实践！
用 NFT 获利的捷径

01 哪里可以买到 NFT？
——九大主要的交易平台
交易平台 ················· 78

02 拉动 NFT 发展的 OpenSea 和
Rarible
透明度 ················· 80

03 日本国内艺术品类 NFT 交易
平台
信用卡、浏览权限功能、版税
分配功能、Gtax ··········· 82

04 交易平台的代表 OpenSea 上
能买卖哪些东西？
区块链游戏 ··········· 84

05 了解在 OpenSea 上交易 NFT
的全貌
OpenSea ··········· 86

06 用于 NFT 的 "加密货币" 究
竟是什么？
比特币、以太币、竞争币 ···· 88

07 加密货币的价格如何确定？
需求、供给、总量 ········· 90

08 哪里能买到加密货币？
交易所 ················· 92

09 为了不亏损你必须提前了解！
交易所和销售点的区别
价差 ················· 94

10 在交易所购买以太币的注意
事项
限价委托、市价委托 ········ 96

11 MetaMask（钱包）的安装步骤
MetaMask、ERC-20 代币 ······ 98

12 如何将以太币转入 MetaMask？
丢失风险 ················· 100

13 在 OpenSea 上高效寻找 NFT
的方法
浏览、排序功能、搜索框 ··· 102

14 自己在 OpenSea 上出售 NFT
的具体步骤
以固定价格出售、英式拍卖、
荷兰式拍卖 ············· 104

15 投资 NFT 相关品类的加密
货币
恩金币 (ENJ)、苔丝币 (XTZ)、
PLT 币 (PLT) ············· 106

16 在海外交易所开户的风险？
海外交易所 ············· 108

专 栏
需要掌握的 NFT 商业
用语③ ················· 110

6

Chapter 04
第四章

规避风险！了解更多有关 NFT 的法律和会计知识

01 何谓发行 NFT（即 NFT 化）？
NFT 化 ………… 114

02 易被误解的"艺术品 NFT"和"NFT 艺术品"的区别
艺术品 NFT、NFT 艺术品 …… 116

03 著作权究竟是什么？
《著作权法》 ………… 118

04 从使用规范看艺术品 NFT 的"处理"
使用规范 ………… 120

05 持有艺术品 NFT 就等于拥有 NFT 艺术品了吗？
所有 ………… 122

06 持有艺术品 NFT 就是拥有 NFT 艺术品的著作权吗？
持有 ………… 124

07 持有艺术品 NFT 的本质是什么？
赞助人 ………… 126

08 NFT 和金融规制的关系是怎样的？
金融规制 ………… 128

09 NFT 属于加密货币吗？
加密货币 ………… 130

10 NFT 是"预付式支付方式"吗？
预付式支付方式 ………… 132

11 NFT 会成为汇兑交易吗？
汇兑交易 ………… 134

12 作为服务"赠品"的 NFT
积分 ………… 136

13 NFT 和有价证券的关系
数字证券 ………… 138

14 区块链游戏中特别容易产生的问题——赌博罪
赌博罪 ………… 140

15 销售时要注意《赠品表示法》
《赠品表示法》、不当表示规制、过高赠品规制、赠品类、CompGacha ………… 142

16 销售时 NFT 代币发行者应该如何进行会计处理（收益）？
收益确认会计准则、收益确认应用指南 ………… 144

17 制作 NFT 代币时会计处理的要点是什么？
研发费、软件开发费、内容制作费、成本处理 ………… 146

18 NFT 代币取得者应该如何进行会计处理？
存货资产、无形资产 ………… 148

19 与 NFT 交易有关的税务处理是怎样的呢？
个人所得税、法人税、消费税 ………… 150

专　栏
需要掌握的 NFT 商业用语④ ………… 152

7

Chapter 05
第五章

音乐、时装、体育······NFT 商业的广泛应用与活用

01 事例 1：NFT × 元宇宙①
——何谓元宇宙
元宇宙、虚拟空间 ·········· 156

02 事例 1：NFT × 元宇宙②
——NFT 带来的开放式元宇宙
开放式元宇宙 ··············· 158

03 事例 1：NFT × 元宇宙③
——Cryptovoxels
土地 ·························· 160

04 事例 1：NFT × 元宇宙④
——收藏品 NFT
收藏品 NFT、社群 ··········· 162

05 事例 2：NFT × 体育①
——为全世界的粉丝团提供新价值
集换式卡牌、粉丝团 ········· 164

06 事例 2：NFT × 体育②
——Chiliz（CHZ）
粉丝代币 ···················· 166

07 事例 3：NFT × 集换式卡牌①
——NFT 带来的好处
保存、附加价值、版税 ····· 168

08 事例 3：NFT × 集换式卡牌②
——老牌厂商的加入和新兴厂商的创新性服务
The Topps Company、Sorare ··· 170

09 事例 4：NFT × 时装①
——NFT 解决的时装业课题
环境负荷、稀缺性 ··········· 172

10 事例 4：NFT × 时装②
——与艺术的融合
世界观 ······················ 174

11 事例 4：NFT × 时装③
——在元宇宙中的应用
虚拟分身 ···················· 176

12 事例 4：NFT × 时装④
——与现实之间的合作
Collezione Genesi、RTFKT ··· 178

13 事例 5：NFT × 音乐①
——音乐订阅服务的未来
无法伪造的鉴定书 ··········· 180

14 事例 5：NFT × 音乐②
——音乐行业中的 NFT 现状
拍卖销售 ···················· 182

15 事例 5：NFT × 音乐③
——具有代表性的国内外 NFT 音乐服务
带有序列号的 NFT ··········· 184

16 事例 5：NFT × 音乐④
——音乐行业和 NFT 的未来
表现的自由、小批量商品的开发 ······················ 186

17 事例 6：NFT × 游戏①
——NFT 游戏与传统游戏的区别
NFT 集换式卡牌游戏 ········· 188

18 事例 6：NFT × 游戏②
——激励用户玩游戏
《My Crypto Heroes》《Crypto Spells》 ················· 190

19 事例 6：NFT × 游戏③
——元宇宙 × 游戏（The Sandbox）
经济活动 ················· 192

专　栏
需要掌握的 NFT 商业用语⑤ ················· 194

Chapter 06
第六章

十年巨变！
未来 NFT 商业的预测图

01 与 NFT 息息相关的"DApps"是什么？
DApps ················· 198

02 未来银行的形式会发生变化吗？一场名为"DeFi"的革命
去中心化金融"DeFi" ········ 200

03 NFT 成为一种生活手段
普惠金融、play to earn、Axie Infinity ················· 202

04 如果 5G 真正推广开来，将会发生什么呢？
5G ················· 204

05 数字孪生：与现实世界孪生的虚拟世界
数字孪生 ················· 206

06 改变隐私概念的 NFT 的未来
个人号码 NFT、去中心化 ID、DID ················· 208

07 NFT 在出版业中的可用性？
商用使用权 ················· 210

专　栏
需要掌握的 NFT 商业用语⑥ ················· 212

结束语
准备迎接互联网的革命
——NFT 未来的发展 ········· 214

Chapter
01

第一章

数字数据变成资产！
"NFT 商业的可能性"

NFT指的是"下一代数字资产"。近年来，NFT风靡世界，本章将为您介绍NFT的魅力及其广受欢迎的原因。

01 NFT 到底是什么？

近几年，NFT 作为下一代数字资产备受全球关注。NFT 的拍卖价格高达数十亿日元的新闻被媒体广泛报道，其在日本的知名度也不断提升。那么，NFT 究竟是什么呢？

首先，我来解释一下"NFT"这个词。NFT的全称为Non-Fungible Token，指非同质化代币。"非同质化"指不可替代，"代币"指具有某种价值的代用货币或兑换券等。因此，NFT是指"可以在网络上流转的、拥有独一无二的价值的数字资产"。而且，NFT的价值是通过"区块链"技术来实现的（详见第二章）。

NFT的全称是什么？

确保价值

区块链技术

N = Non（非）
F = Fungible（可代替的）
T = Token（代币·兑换券）

‖

"拥有独一无二的价值的数字资产"

提到数字资产，大多数人会联想到比特币（ＢＴＣ）、以太币（ＥＴＨ）等加密货币（虚拟货币）。但是，这些货币单位具有相同价值的"ＦＴ"（可以替代的数字资产）。例如，如果将Ａ和Ｂ各自拥有的1个比特币进行互换，双方的资产价值不会发生变化。但是，每一个ＮＦＴ却拥有世界上独一无二的特定价值，无法进行简单的交换。好比同样是一个棒球，明星球员签过名的棒球和无名球员签过名的棒球的价值会有所不同，ＮＦＴ也具有这样独一无二的性质。

NFT 的性质和示例

 拥有特定价值，因而不可互换

 没有特定价值，因而可以互换（加密货币等）

明星球员签名的棒球　　无名球员签名的棒球

A的1个比特币　　B的1个比特币

游戏里的道具

线上购票

不动产

数字艺术品

集换式卡牌

未来，NFT 将发挥其唯一性，应用于更多领域

13

02 突飞猛进的 NFT 商业市场

包括日本在内，世界各地的企业纷纷表示要进军 NFT，NFT 领域显示出蓬勃发展之势。本节将分析未来 NFT 发展的市场规模，同时深入剖析 NFT 商业快速发展的背景。

2020年，NFT的市场规模约为340亿日元。进入2021年以后，其市场规模急剧扩大，仅上半年就达到了2840亿日元；下半年的7月至9月，销售额高达1兆2000亿日元，呈现出爆发性增长。NFT的发展突飞猛进，使其高速发展的主要原因大致可以分为以下三个：

第一个原因是，在NFT之前，比特币等加密货币就以投资者为中心广泛流通。加密货币和NFT一样，都以区块链技术为基础。正是由

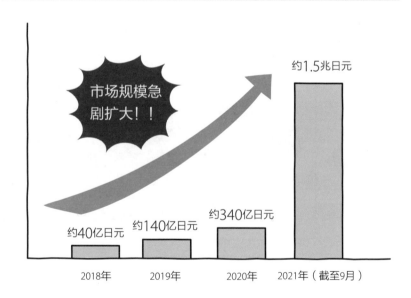

NFT的市场规模变化

市场规模急剧扩大！！

约1.5兆日元

约40亿日元　约140亿日元　约340亿日元

2018年　2019年　2020年　2021年（截至9月）

于加密货币向市场展现出了高安全性和投资对象预期的效果，与其息息相关的NFT才更容易被市场所接受。

第二个原因是，NFT交易平台的不断完善和发展。除了全球规模最大的OpenSea平台，日本巨头"Coincheck"也发布了自己的NFT平台"Coincheck NFT"的β版。

第三个原因是，随着NBA、足球这类大IP内容和名人的加入，越来越多的用户群体开始接触NFT。

以上三个原因引发了内容和权利的流通革命，NFT市场得以迅速扩大和发展。

NFT高速发展的三大要因

❶ 兄弟产业——加密货币的繁荣发展

既然投资了加密货币，要不也试试NFT吧……

也请多多关照我的"兄弟"NFT!

我会加油的!

用户　　加密货币　　NFT

❷ 交易平台的完善

用户可以在这里放心地交易NFT!

用户

如"OpenSea""Coincheck NFT（β版）"等平台

❸ 大IP内容和名人的加入

运动员的数字卡牌

好帅啊!我想要这个!

著名艺术家创作的数字艺术品

03 活用 NFT 的类型

虽然 NFT 的市场在迅速扩大，但是很多人或许还不了解 NFT 被实际应用在了哪些领域。本节将具体介绍全球市场上主要的 NFT 种类。

　　NFT数据分析网站NonFungible.com的公开资料显示，在2021年上半年的NFT市场中，交易量最多的NFT种类是"收藏品"。收藏品是指以持有和收藏为目的进行交易的NFT群，例如邮票、古钱币和集换式卡牌等。NFT的价值在于其具有"唯一性"，因而稀缺，投资者们看好其未来的行情，所以不断地进行交易。有些NFT的价格甚至高达数十亿日元，此类事件也引发了热议，进一步加速了NFT的热潮。

NFT 热门种类TOP5

"收藏品"　　NFT中十分稀缺或收藏价值极高的物品。
很受收藏家和投资者的欢迎

"收藏品"类 NFT 的特点

- 数量有限，稀缺
- 设计风格多样可以激发收集欲
- 多创作于NFT早期，具有历史价值

例如：加密朋克等

热度仅次于"收藏品"的种类是"体育"。以足球、篮球的著名球员为题材的数字卡牌游戏很受欢迎，收录比赛关键时刻的"moment"系列短片合集，曾以数千万日元的价格成交。此外，著名画家等创作的"艺术"类NFT、将游戏道具NFT化的"游戏"类NFT、将虚拟空间元宇宙内的土地和建筑物NFT化的"元宇宙"类NFT也大受欢迎。

体育　体育比赛中的关键时刻或有纪念意义的影像NFT。获得了一众体育界粉丝的喜爱

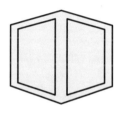

例如：名场面的短片等

"体育"类 NFT 的特点

● 刺激粉丝对名场面的"占有欲"

● 也可以当作卡牌游戏来玩

艺术品	游戏	元宇宙
数字插画 3D模型		 虚拟空间
由著名艺术家等创作的数字插画和3D模型，都是有着极高艺术价值的NFT	特定游戏中使用的道具（如武器、虚拟化身）的NFT	备受瞩目的下一代虚拟空间——"元宇宙"中的土地和道具的NFT

04 NFT 始于区块链游戏

如今，NFT 广泛应用在体育、艺术等多个领域，社会知名度也大幅提高，正在向没有专业知识储备的普通民众渗透。最初，NFT 是凭借怎样的契机受到人们关注的呢？

　　NFT之所以能如此流行，其契机之一是一款名为《加密猫》的全球首款区块链游戏。这款游戏发布于2017年11月底，内容非常简单，玩家可以通过买卖和配对虚拟猫咪来收藏。但唯一的不同在于，这款游戏运用区块链技术将角色NFT化，赋予了每个角色独一无二的个性。这让玩家们意识到他们所拥有的角色不可替代，从中发现了价值。

　　热衷于这款游戏的玩家使用以太币（加密货币）进行买卖和租赁，

让NFT广为人知的加密猫是什么？

加密猫

这是全球首款区块链游戏。玩家为了收集各种各样的"猫咪"，通过以太币（加密货币）进行买卖和配对

记录标识信息

区块链记录

收藏对象——猫咪的标识信息，保证这只猫的唯一性

独一无二的猫咪

以此收集各种类型的猫咪，并通过反复配对创造出更稀有的猫咪。这一过程中，游戏中的交易日渐火爆，更有投资者看中了NFT的资产价值而参与其中。其结果是，有些猫咪的价格甚至炒到了1000万日元以上。

加密猫掀起的狂潮让人们关注到NFT的存在，越来越多的人认可其价值，NFT商业由此逐渐兴起。

玩家的想法

玩家以收集或投资为目的，为了获得更为稀有的猫咪而进行买卖和配对

收藏家：我要买稀有的猫咪来炫耀一下！

投资家：我要买将来能涨价的猫咪，到时候转售出去！

收藏家

投资家

买卖　通过以太币（加密货币）买卖猫咪

卖方：这只猫是稀有品种，我要涨价。

买方：虽然有点贵，但还是买了吧！

猫

买方

买方

以太币

交配　两只猫咪交配时，各自的标识信息会像基因一样遗传给下一代

猫A　　交配　　猫B

猫C

基因突变还有可能产出稀有的猫咪

05 数字艺术品掀起 NFT 风潮

2021 年 3 月，一件 NFT 艺术品竟以约 75 亿日元的超高价格拍卖成功，消息一出便轰动全球。这件将 NFT 带入大众视野的艺术品，究竟是什么样的东西，为什么能带来如此巨大的价值呢？

2021年3月，一件NFT艺术品的成交价格高达75亿日元的新闻一经报道，便受到广泛关注。这件艺术品名为《每一天：最初的5000天》，由平面设计师Beeple创作，在全世界历史最悠久的佳士得拍卖行展出。这幅作品是Beeple耗时13年多完成的，由多达5000张的数字图像拼贴而成。

以约75亿日元的价格拍下这件作品的是Metakovan，他是NFT制

售价约75亿日元的NFT艺术品？

这是一幅怎样的作品？

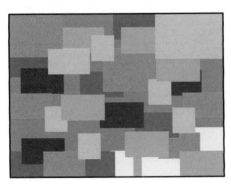

《每一天：最初的 5000 天》

这是Beeple的数字艺术作品，由其创作的5000幅数字图像拼贴而成

我把每日一幅、绘制出的5000幅作品做成了一张拼贴画。

Beeple

作工作室、世界上最大的NFT基金Metapurse的创始人。Metakovan
认为，这幅作品体现了Beeple先生长达13年之久的创作活动的成果，
他觉得花费的这些时间才是其价值所在，因而以高价将它拍下。

这个轰动全球的新闻将NFT推向了世界。同时，也极大地提升了
利用NFT唯一性的数字艺术品的价值。由此，包括日本在内，世界各
地都在完善NFT交易平台，今后NFT艺术品的交易也将更加活跃。

买家是谁?

世界上最大的NFT基金
Metapurse的创始人

Metakovan

数字化唯一无法破解的就是时间。

以约75亿日元的价格成交!!

一件NFT艺术品拍出75亿日元的天价。

NFT这么厉害啊……

轰动全球的大新闻

普通人也知道NFT了

06 社交网络的投稿价值数亿日元！？
——高价交易的 NFT 实例①

高价成交的 NFT 并不限于具有收藏价值或艺术性极高的物品。在数字历史上具有里程碑意义的数据，哪怕是很简短的文字，在 NFT 化时都可能会被赋予令人难以置信的价格。

　　2021年3月，一条在社交网络巨头推特上发布的文本被NFT化，并以约3亿日元的价格成交，一度引发热议。2006年诞生的推特是一款可以自由地发表言论的交流工具，现在仍作为社交网络的代表为世界各地的人所使用。推特可以称为社交网络的先驱，但在数以万计的推文（投稿文）中，价格高达3亿日元的推文究竟是怎样的内容呢？

价值约3亿日元的推文是什么样的？

究竟什么是推特？

推特是一款用于发布推文、传播和交换信息的交流软件。全球活跃用户数超过3亿人

社交网络的先驱

我们可能无法相信网上的一条推文能够产生如此巨大的价值，但如果这条推文在人类历史上具有里程碑式的纪念意义呢？这篇价值约3亿日元的推文是由推特的创始人之一杰克·多西发布的，是世界上第一条推文。这条推文的内容很简单，仅有五个单词：just setting up my twttr。但是，这是在彻底改变人类交流的革命性工具上发布的具有纪念价值的首条推文，具有非凡的历史意义。从这个例子中我们可以看出，决定NFT价值高低的不仅仅是稀缺性和收藏价值。

这条热议的推文是什么样的?

●推特的创始人之一杰克·多西发布的推文
●作为世界上第一条推文为人所知

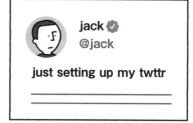

jack ✔
@jack

just setting up my twttr

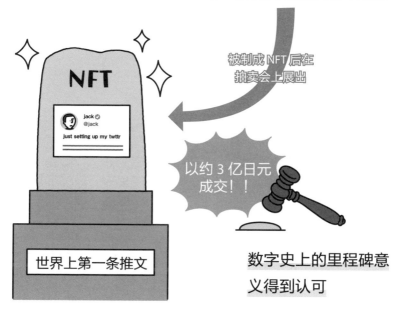

被制成 NFT 后在拍卖会上展出

以约 3 亿日元成交！！

世界上第一条推文

数字史上的里程碑意义得到认可

07 小学生创作的 NFT 大受欢迎！
——高价交易的 NFT 实例②

NFT 市场刚刚进入大众视野，虽然还不稳定，但它蕴藏着爆发性增长的潜力，一遇时机，NFT 的价格就会飙升。本节将介绍在 NFT 价格高涨的势头下，一名小学生创作的作品。

　　2021年9月，某小学3年级学生制作的暑期自由研究引起了人们的关注。这个男孩的母亲是位艺术家，当他看到电视新闻上报道的NFT艺术品时，非常感兴趣，于是尝试着自己进行创作。他用像素点创作了"Zombie Zoo"NFT艺术品系列，将自己最喜欢的游戏中的僵尸角色和动物结合在一起。可这毕竟只是小学生的作品，富有童真的简单图案尽管很有个性，却并没有技术和经验的支撑，称不上具有一般意义上的

小学生成为著名的NFT艺术家！？

契机是电视上的新闻

艺术性。

但是，或许是因为8岁孩子制作的NFT有着别样的趣味，他的作品慢慢开始畅销。不久后，经著名虚拟艺术家、"Lil Miquela"的创作者Trevor McFedries扩散至网上，人气急剧上升。男孩的NFT艺术品开始在市场上高价交易，二次出售（转售）时的成交价甚至高达约80万日元。据说原本的售价约为2300日元，但由于大部分NFT交易平台规定，制作者在之后的转售中都能收到版税收入，因此男孩也能获得交易额中的一部分。据说，当时版税总额就已超过80万日元。

受海外名人影响一举成名

卖了我想买游戏里的卡牌包……

"Zombie Zoo"系列

我们喜欢
@ZombieZooArt

Zombie Zoo的持有者

Trevor McFedries

交易额的一部分将成为制作者的收益

名人将其作为推特头像，争购男孩艺术品的人激增

Ⓔ 加密货币

想利用热度赚钱的投资家

想要流行艺术品以彰显地位的人

Zombie Zoo

不断地转售，价格也水涨船高

08 烧毁班克西画作后将其数字化为 NFT？
——高价交易的 NFT 实例③

班克西是一位真实身份未知的艺术家，他屡屡引起社会关注。其作品常常以数千万日元的价格成交。最近有人利用其热度，将班克西的作品制成 NFT 艺术品发售。

　　班克西是世界知名的匿名艺术家，其街头艺术作品常常具有社会讽刺意味。他会做出许多过激行为，比如在未经允许的情况下在著名美术馆或博物馆擅自陈列自己的作品等；他还会有一些奇思妙想，比如用装在画框里的碎纸机把已经被拍下的作品剪碎等。他的这些行为引起了人们的关注，其作品也都被高价成交。

　　2021年3月，班克西一幅名为《傻子》的画作被持有者制成NFT

制成NFT后被焚毁的班克西作品

引人注目的班克西作品

《Morons》

这幅画名为《傻子》，描绘了人们挤在拍卖会的画面，旁边的配文颇有讽刺意味：真不敢相信你们这些傻子居然买了这个（I can't believe you morons actually buy this shit.）

原本的价值为400万日元

企图拿到后将其NFT化

加密货币爱好者群体
"Injective Labs"

艺术品后被焚毁，该事件引发人们热议。YouTube上直播了焚毁的全部过程，之后将这幅《傻子》制成了NFT艺术品进行拍卖。这件事在全球引起了激烈的讨论，各种意见纷至沓来：失去原件的数字艺术是否有价值？NFT到底有没有艺术价值？这是不是只是一场沽名钓誉的作秀？从拍卖的结果来看，原画作的买入价格约400万日元，而此次NFT艺术品《傻子》的成交价却高达4000万日元。这再次证实了班克西作品具有极高的关注度，同时也向世界证明了NFT艺术品的艺术价值。

艺术品 NFT 化引发热议

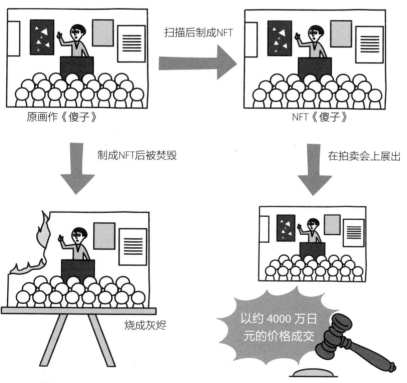

扫描后制成NFT

原画作《傻子》　　　　　　　　NFT《傻子》

制成NFT后被焚毁　　　　　　　在拍卖会上展出

烧成灰烬

以约4000万日元的价格成交

证明艺术品 NFT 化有其艺术价值

09 NFT 的四大特征

到这里，我结合实例介绍了 NFT 的概况。相信大家对 NFT 究竟是什么已经有了大致的了解。接下来，就让我们对 NFT 的特点进行更为详细的梳理，从而加深理解吧！

　　NFT的第一个特征是区别于其他数据的"唯一性"。前文提到，区块链技术赋予了NFT独特的标识信息。因此，NFT能够以难以篡改的方式记录自己的来历和交易过程，无法复制和伪造，拥有独一无二的价值。

　　第二个特征是数字数据所特有的自由的"可交易性"。NFT的交易是在由区块链技术担保的互联网上进行的，可靠性很高。而且，数据

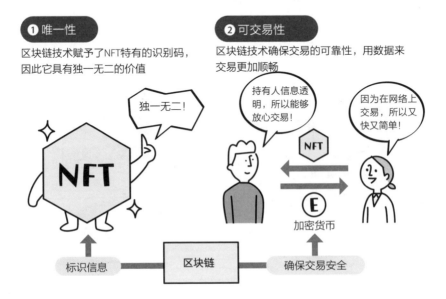

第
一
章

数
字
数
据
变
成
资
产
！
「
Ｎ
Ｆ
Ｔ
商
业
的
可
能
性
」

在性质上与实物不同，容易实现转移和交易。

第三个特征是因使用相同标准而具有"互操作性"。目前，大多数NFT都使用"ERC721"规范，在以太坊上发行，只要规范一致，就可以跨钱包和交易平台运行。

第四个特征是智能合约（一种可以在区块链上自动执行合约的机制）的"可编程性"。NFT交易时，程序上已经预设好了二次出售（转售）时的手续费和交易数量限制等规则，并可以自动执行。

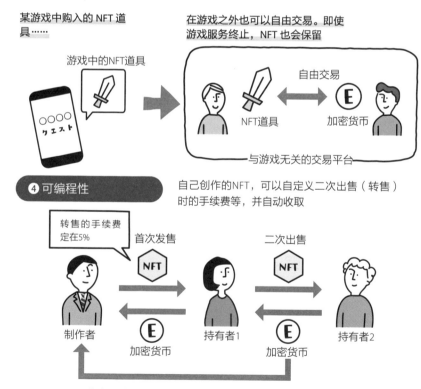

❸ 互操作性　　　　如果NFT的规范是通用的，
　　　　　　　　　就可以跨服务区运行

某游戏中购入的 NFT 道具……

在游戏之外也可以自由交易。即使游戏服务终止，NFT 也会保留

游戏中的NFT道具

自由交易

NFT道具　　加密货币

与游戏无关的交易平台

❹ 可编程性　　　　自己创作的NFT，可以自定义二次出售（转售）
　　　　　　　　　时的手续费等，并自动收取

转售的手续费定在5%

首次发售　　　　二次出售

NFT　　　　　　NFT

制作者　　　持有者1　　　持有者2

加密货币　　　加密货币

作者可按设定交易额的 5% 作为自己的收益

10 NFT 的可能性①
——全球瞩目的日本 IP 商业

日本引以为傲的漫画、动画、游戏等 IP（知识产权）内容中，有很多都家喻户晓。如果这些 IP 内容进入 NFT 领域的话，市场将会更加蓬勃发展吧！

NFT领域动辄数亿日元、数十亿日元，如今已经处于狂热的漩涡之中。在这种情况下，如果日本的知名IP加入NFT，有望让市场进一步升温。IP是"Intellectual Property（知识产权）"的缩写，具体来说，IP商业是指利用漫画、动画、游戏等创作物，制作、销售周边商品以及举办大型活动等。

日本是世界上少有的IP大国，如电子游戏《口袋妖怪》、漫画作

IP （Intellectual Property） 是什么？

智力创造、发明想法等具有经济价值的东西，即知识财产

漫画

动画

游戏

など

品中的卡牌游戏《游戏王》等，都被翻译成多国语言，粉丝遍布世界各地。

如果日本的大IP纷纷进入NFT领域会发生什么呢？全世界的粉丝一定都会为了专属角色和卡牌蜂拥而至，这将为IP商业拉开新的序幕。此外，NFT还将改变电子游戏的现状，这也是日本十分擅长的领域。在菲律宾，一款名为《Axie Infinity》的NFT游戏十分火爆。游戏内的金币可以兑换成现金，据说有人通过一天玩几个小时的游戏来维持生计（详见第六章）。日本也可以利用大IP开发这样的NFT游戏。

日本的IP内容如果进入NFT领域会有怎样的变化？

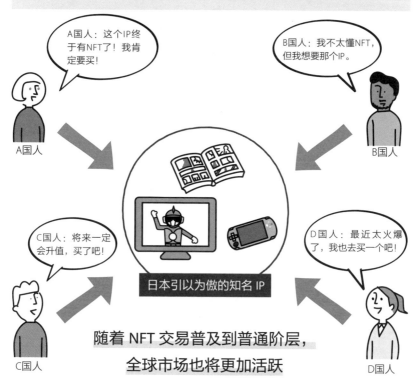

A国人：这个IP终于有NFT了！我肯定要买！

B国人：我不太懂NFT，但我想要那个IP。

C国人：将来一定会升值，买了吧！

D国人：最近太火爆了，我也去买一个吧！

日本引以为傲的知名 IP

随着 NFT 交易普及到普通阶层，
全球市场也将更加活跃

A国人

B国人

C国人

D国人

11

NFT 的可能性②
——NFT 中诞生的商机

除漫画、动画、游戏之外，NFT 还为体育、音乐、电影等内容的运营商带来了许多商机。那么，具体有哪些商机呢？

　　拥有内容和权利的运营商活用NFT的一个优点，就是可以拉动"粉丝交流"，详细内容可参见第五章。在体育行业中，由于数字的独特优势以及NFT能够二次出售的特点，NFT集换式卡牌受到了粉丝和收藏家的欢迎，高价交易的事例屡见不鲜。并且，体育与游戏的契合度极高，日本职业足球联赛等都在致力于开发集换式卡牌游戏。音乐行业通过出售NFT持有人的专享听歌服务和限定活动的VIP特权等，创造出

通过NFT提高粉丝交流活跃度

日本拥有世界
顶级的IP内容　◀ NFT ▶ 灵活地运用于粉丝交流

新型的商业模式，以取代现在音乐界主流的订阅模式，这也不是痴人说梦。最近，通过众筹融资或者吸引顾客，制作动画和电影的创作者逐渐增多。他们通过活用NFT，例如出售下一部作品的优待权，可以与粉丝进行中长期的交流，而不是一次性交流。

总而言之，NFT商业成功的关键在于充分发挥NFT和区块链的特性，如"独一无二的证明""价值输送与转移""不可复制和篡改""可追踪交易信息"等。同时，要思考NFT的必要性以及给粉丝和用户的好处。

体育

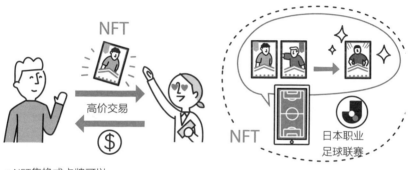

- NFT集换式卡牌可以二次出售，因此受到了极大的欢迎

- 用户之间可以买卖在游戏内制成的选手卡片

音乐

- 通过NFT出售限定活动等VIP特权
- 提供NFT持有人专享的听歌服务

动漫和电影

- 与众筹一样，可与粉丝进行中长期交流

12 NFT 的可能性③
——艺术的进化

前面我们已经介绍过几个 NFT 艺术的实例。此外，NFT 艺术还有可能实现现实的艺术品做不到的事情。那么，NFT 的出现究竟会给艺术品带来怎样的变化呢？

首先，无论是在 100 年之后还是 200 年之后，艺术作品的真实性和交易记录都可以被"证明"。作为现实中的艺术作品，如果该作品在艺术家去世后或者在艺术家还籍籍无名的时候发表，抑或是未发表、尚未问世的情况下，那么即使是专业的鉴定师也很难判断这个作品是否为真迹。而对于使用区块链技术的 NFT 艺术品来说，其发行及后续交易的历史都将被完整地记录下来。或许还有人对"数字艺术能否产生价值"

通过 NFT， 我们可以实现现实的艺术品所不能实现的事情

这是真的吗？
不知道啊……
这可真愁人！

所有交易历史都被记录在区块链上

1970年2月3日 A创作　1982年2月1日 B买入　2022年3月13日 C买入

作为现实中的艺术作品，如果该作品是在艺术家去世后或籍籍无名时发表的，即使是专业的鉴定师也很难判断这个作品是否为真迹

有所怀疑，但一幅被艺术家认可了的原创性作品，辗转多人最终落在自己手上，我想只要是这位艺术家的粉丝，都会感受到这样一幅数字艺术品的价值。

其次，艺术作品不仅能永远保持发表时的状态以供人观赏，通过运用NFT技术，还有可能创作出永远都在变化的艺术作品。例如，如果赋予数字艺术品所有者自由改写的权利，最终可能会诞生全新的艺术作品。而且，通过区块链技术，谁参与了改写也会被记录下来，这样一来很有可能会创造出传统思维下无法想象的全新的艺术价值。

价值在不断变化的艺术品中诞生

需要掌握的 NFT 商业用语①

1. 加密货币

加密货币指的是在互联网上与非特定的多数人进行商品等价交换的资产。又名虚拟货币，种类繁多，其中比特币最为知名。加密货币（虚拟货币）在日本的《资金结算法》中定义如下：①可用于非特定多数人之间支付货款，可与法定货币（日元等）交换；②可电子记录、转移；③不是像预付卡一样以法定货币支付的资产。近年来，在全球范围内，加密货币的种类和总额都在持续增长，但也并非没有任何问题。首先，加密货币的价格波动剧烈，风险较大。其次，还有丢失或遭到黑客攻击的风险。还需注意的是，目前在日本通过加密货币（虚拟货币）获得的利润最高需要缴纳50%以上的税金。

2. 交易平台

交易平台原意是指进行商品买卖的"市场"本身，现引申为在互联网上买卖双方自由交易的平台。交易平台大致可以分为企业间的平台和个人间的平台两种类型。最初，交易平台用于企业间的电子交易（Ｂ２Ｂ）。但是，最近它迅速普及到电子商店聚集的"电子商城"，以及个人间买卖商品的二手市场APP等。企业间的交易平台推动了企业间迅速高效的商品交易发展，也对削减成本做出了很大的贡献。但面向消费者的市场比企业间的市场发展更快，著名的有亚马逊平台、乐天市场、雅虎购物平台等。

3. 二次出售

在二手市场和拍卖会上对已经销售过的东西进行二次销售。首次出售是指企业采购商品，通过店铺、网络等方式进行销售。迄今为止，首次出售都是经济活动的主流，但今后二次出售在经济活动中的占比将会不断提高。随着互联网的普及，个人间（Ｃ２Ｃ）的二次出售规模将不断扩大，煤炉和雅虎拍卖等二手闲置网站正在走入人们的视野。2018年度，日本二次出售总额超过2兆日元。其中，服装类的增长速度尤其明显。此外，人们的观念从"不需要就扔掉"转变为"更加环保地循环使用"（与环境问题的关系），从这一点来看，二手市场的作用也不容小觑。

4. 互操作性

互操作性在英语中称为Interoperability，也可称为互通性，是指连接或组合多个不同结构的事物时，使其作为一个整体发挥作用的结构，以及其发挥作用的程度。这个词在IT、军事、经济等各个领域广泛使用。一般来说，互操作性的提高，可以使某一领域更为便利、快捷，使更多人受益，很多企业都在为提高互操作性而努力。

5．可编程性

它是指使用程序语言进行网络管理和使用的机制。在日语中，Programmability大多被译为"可编程"或"可编程性"。一般而言，具备可编程性的机制，与只能预先设定好使用方法的机制不同，它提供了一种环境，可以通过编程自由地设定如何操作和管理。在区块链中，具备可编程性的区块链的代表就是以太坊。

6．ERC721

它是目前以太坊区块链发行NFT时最常用的标准。ERC721定义了代币基本的所属权及其转移相关的最低标准。对于加密货币来说，因为作为货币使用，所以每一个币都拥有同样可以接受的价值（代币）。但是，ERC721是唯一的，不可替代。以太坊发行NFT时，也经常使用ERC1155。此外，还有人提议使用ERC2571，又称"Creators' Royalty Token Standard"，它允许NFT自己标注二次出售时的版税率等相关信息。

7．订阅

它是一个商业术语，一般被译为定期订阅或长期购买。在日本，订阅（Subscription）是指顾客和用户通过月付或年付等享受付费服务。具有代表性的订阅服务包括流媒体视频服务Netflix和流媒体音乐服务Apple Music等。这些服务的好处是，只要支付一定的费用就可以随意观看视频、欣赏音乐。另一个优点是可以随时退订，还可以根据需求持续更新。近年来，日本的订阅市场规模持续增长。预计到2023年，公司与个人间的订阅市场规模将达到1.4兆日元，公司与公司间的订阅市场规模将达到6兆日元。

8．众筹

它是一个筹资系统，通过网络发布自己的活动和梦想，吸引共鸣者和支持者投资。众筹（Crowdfunding）是由英语中的Crowd（群众）和Funding（融资）结合而成的合成语。目前，世界各地都在开展众筹，涵盖对发展中国家的经济援助、产品开发、自主创作电影等广泛领域。众筹大致可以分为三种：购买型，即购买某种商品或服务；捐赠型，以捐赠的方式募集资金，不求回报；金融型，通过发行股票等方式融资，购买者实际上获得了股票等有价证券。

Chapter 02

第二章

NFT 商业的大前提！
"区块链"的基础知识

发展NFT商业，区块链相关的知识不可或缺。为了深入理解NFT，本章将介绍区块链的基础知识。

01 区块链到底是什么？

近年来，数字化转型的趋势推动了电子商务的急剧发展，人们开始关注为处理加密货币而诞生的技术支撑——区块链。区块链究竟是什么呢？

在现代社会，数字化的商业贸易已成主流。为使交易更为高效、安全，作为技术支撑的区块链技术应运而生。

这一技术最初设计出来是用作加密货币（虚拟货币）比特币的"交易记录总账"。它使用连接互联网的多台计算机，将以区块为单位汇总而成的正确记录连成链状并不断积累，区块链由此得名。因此，人们经常误认为"区块链=比特币"。广义上讲，区块链也可以指共享型网络

区块链有什么优点？

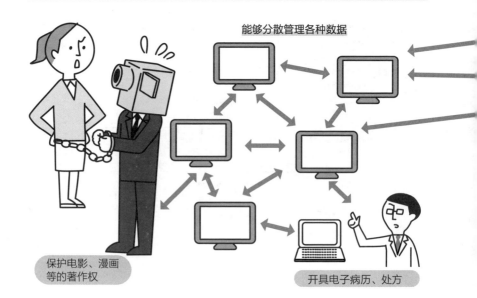

能够分散管理各种数据

保护电影、漫画等的著作权

开具电子病历、处方

的数据库本身，它可以广泛地应用于数字信息的维护、合同等交易数据的统筹管理、物流系统的管理等。

由于该技术的复杂性，区块链的定义也不是一成不变的。但是，只有参与者同意的信息才能被认为是有效的。

目前，除了比特币的区块链，还有很多其他类型的区块链。这些区块链的本质是"共享账簿"，因此许多相关企业正致力于使用区块链即时共享数据。近年来，在数字化转型（DX）的大潮下，区块链的推广可谓是万众瞩目、备受期待。

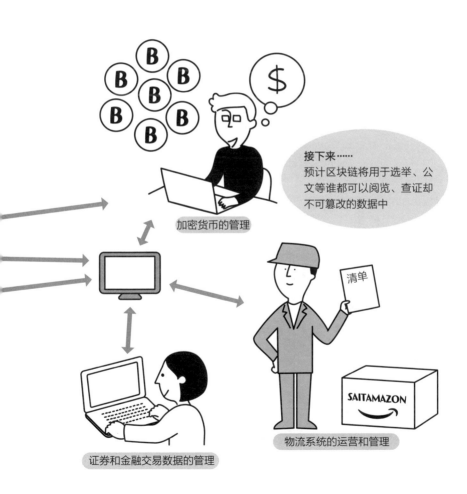

接下来……
预计区块链将用于选举、公文等谁都可以阅览、查证却不可篡改的数据中

加密货币的管理

清单

SAITAMAZON

物流系统的运营和管理

证券和金融交易数据的管理

02 区块链的特征①
没有中央系统进行管理

在传统的互联网中，银行和公共机构通过数据和个人信息交易来保证信用。而区块链的诞生，建立了另一种机制，即在没有管理者的情况下也可以保证信用。

在互联网上，几乎所有人都是陌生的、非特定的，很难直接进行金钱交易或签订合同。这是因为其被第三方滥用的风险很高。因此，到目前为止，数据和个人信息都是存储在政府、中央银行、私人银行、信用卡公司等具有公信力的管理者（集中管理者）的服务器上，并以这些管理者为中介进行交易。

然而，区块链的诞生意味着一种去中心化的系统面世。该系统由

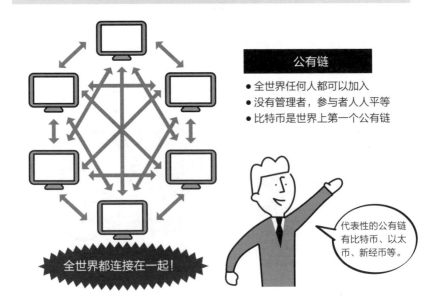

公有链和私有链有什么区别？

公有链

- 全世界任何人都可以加入
- 没有管理者，参与者人人平等
- 比特币是世界上第一个公有链

全世界都连接在一起！

代表性的公有链有比特币、以太币、新经币等。

所有参与者而非管理者来验证交易的合法性，并保证信用，引发了人们的关注。

区块链大致可以分为公有链和私有链两种。公有链是任何人都可以根据自己的喜好建立节点(网状结构的构成要素)，并加入网络的系统。在公有链上，每一笔交易都是公开的，交易历史经过了所有参与者的一致同意，具有唯一性。

而私有链则由集中管理者来决定参与者，因为仅限少数人参与，所以可以快速批准、高速处理交易，并控制记录在链上的信息。

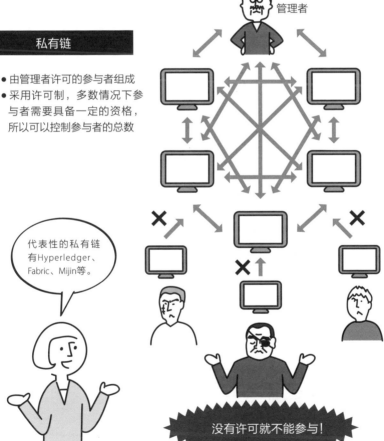

管理者

私有链

- 由管理者许可的参与者组成
- 采用许可制，多数情况下参与者需要具备一定的资格，所以可以控制参与者的总数

代表性的私有链有Hyperledger、Fabric、Mijin等。

没有许可就不能参与！

03

区块链的特征②
由分散的计算机运营

区块链是由分散的计算机终端运行的系统。因此，即使部分节点损坏也不影响整条链的运行。这也是 P2P 网络和区块链的最大优势所在。

　　P2P网络得名于有对等之意的"Peer to Peer"。其中，参与者的计算机被称为节点（node）。节点既作为客户端使用服务，又作为服务器提供服务，兼具两方面的功能，通过分散的计算机来构建网络。所有节点都复制并共享相同的信息，从而使整个网络系统正常运行。

　　这样就消除了单一的故障危害，也就是说，即使某些节点出现故障，整个系统也不会停止运行，从而减少了对整个网络的影响。网络规

不会停止运行的区块链

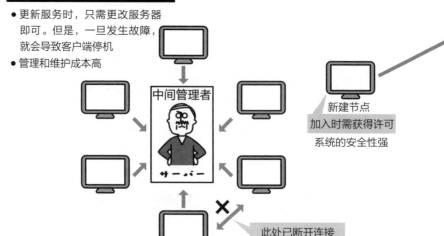

传统的客户端 / 服务器

- 更新服务时，只需更改服务器即可。但是，一旦发生故障，就会导致客户端停机
- 管理和维护成本高

中间管理者

新建节点
加入时需获得许可
系统的安全性强

此处已断开连接

模越大，其耐攻击的特性就越强。具有这种特征的系统被称为"分布式系统"。P2P网络最大的优点是，整个系统因故障停止运行的可能性极低，能够长期稳定运行。

也就是说，如果节点数量不断增加，就能建立起相应的安全、可靠的网络系统。

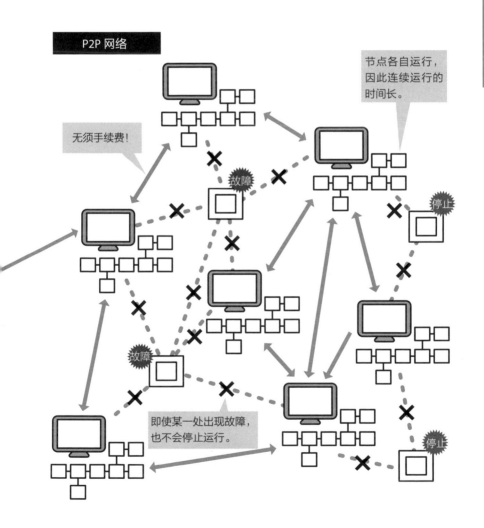

P2P 网络

节点各自运行，因此连续运行的时间长。

无须手续费！

故障

停止

故障

停止

即使某一处出现故障，也不会停止运行。

04 区块链的特征③ 极难篡改信息

全世界的计算机都将存储迄今为止所有的交易记录，这是区块链的又一特征。那么，记录所有的交易历史究竟能带来什么好处呢？

区块链会记录自链建立至今达成的每一笔交易，并且这些内容对所有人可见。每隔一段时间（比特币的话大约为10分钟），这些记录就会以"区块"的形式保存下来。这些区块像锁链一样连接在一起，将数据传输到下一个区块，数据会浓缩成类似摘要的东西保存下来。全球的计算机都存储着以往所有的交易记录，或在竞争关系下生成新的区块，因此即使有人想恶意篡改交易记录，也不可能实现。

区块链的数据真的难以篡改吗！？

若有能成功篡改的计算能力，不如通过正规途径参与区块链，获得更多的加密货币！

区块
散列值
交易历史

区块
散列值
交易历史

区块

区块

共识算法
工作量证明

下图展示了像比特币那样通过工作量证明（Ｐｒｏｏｆ ｏｆ Ｗｏｒｋ,ＰｏＷ）这一共识算法，利用经济激励的计算竞争成功连接区块的原理。而以太币（后文详述）瞄准的权益证明（Ｐｒｏｏｆ ｏｆ Ｓｔａｋｅ,ＰｏＳ）则是另一种共识算法，即根据加密货币的数量和持有时间，产出的值（币龄）越多，区块就越容易连接。但是，这是以高权益值的东西不会恶意降低加密货币价值为前提的。

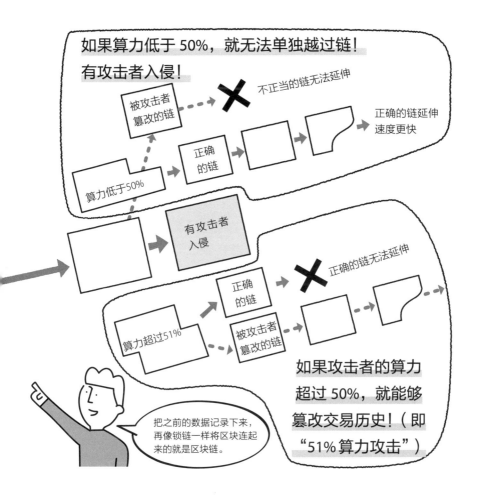

05 区块链的三种类型

区块链可以分为公有链、私有链和联盟链三种。三种区块链在其各自适用的场景下有着相应的优势。那么，这三种类型各自有什么优点呢？

区块链大致可以分为三种：公有链、私有链以及可称之为私有链的多管理员版本的联盟链。公有链和私有链的区别在于，参与的节点是否由特定的管理员来管理。公有链以比特币和以太币为代表，是任何人都可以自由加入的去中心化的链。公有链拥有一份全员一致通过的交易履历，所有的交易都被公示。但是，由于谁都可以加入，因此可能会混

三种类型的区块链及其特征

● 区块链的分类

	公有链	私有链	联盟链
管理员	×	○（一个）	○（多个）
参与者	不特定多数	仅限获得许可的多个参与者	仅限获得许可的多个参与者
共识机制	遵循某一种共识机制	管理者认可	管理团队认可

联盟链在共识机制上不需要不特定多数人的同意，所以可能更接近私有链。

入试图从事不当行为的不法分子。但是，只要超过半数的参与者行为端正，网络就能正常运转、进行交易。大多数公有链都会给参与者提供运用报酬——加密货币，正确的行为能获得更多的经济利益。

而私有链则需要审批才能加入，只要有节点在运行，管理者就能掌握总数，在确定链的规格时也很容易达成一致。联盟链是由同行业的企业联盟等共同运营的链，只有预定的成员方可参与其中。联盟链与私有链相比，一个显著的不同点在于它需要由特定的多个主体运行。

私有链和联盟链的区别

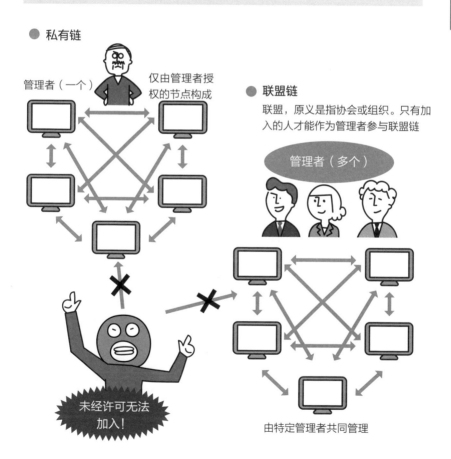

● 私有链

管理者（一个）　　仅由管理者授权的节点构成

● 联盟链

联盟，原义是指协会或组织。只有加入的人才能作为管理者参与联盟链

管理者（多个）

未经许可无法加入！

由特定管理者共同管理

06 从加密货币的代表
——用比特币解读"区块链"

加密货币中的比特币是区块链的代表之一，它的交易在线上进行，操作简单，任何人都可以参与。正是交易参与者的认可，赋予了比特币独一无二的价值。

近年来，加密货币持续受到关注。本节让我们来看看作为加密货币的代表，比特币是如何运作的吧！

比特币自2009年开始发行使用，所有的交易数据都被记录在P2P网络上的分布式账本——区块链上，这些数据也反映了比特币的动向。

全世界任何人都可以加入，所有交易都在网络上进行，所以即使是国际汇款也能在短时间内完成，只需少量手续费，就可以全年全天候

从加密货币看区块链的工作原理

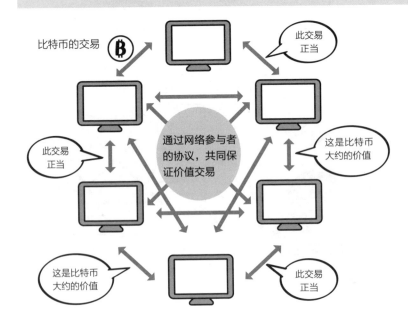

地进行比特币交易。没有管理者，也不需要办理身份证明手续和银行账户，只要有手机和电脑等互联网终端就可以使用。

只要创建钱包，任何人都可以进行比特币交易。加密货币的投资属性很突出，但是，那些身在现有金融设施不发达的国家、没有银行账户的人以及重视隐私的人，特别喜欢使用加密货币。比特币是一种具有独特价值的数字资产，它没有美元、日元等法定货币的价值支撑。它的价值不依赖于国家和政府，而是依靠大量的参与者对其系统中蕴含的高使用价值的认可得来。

交易确定的流程

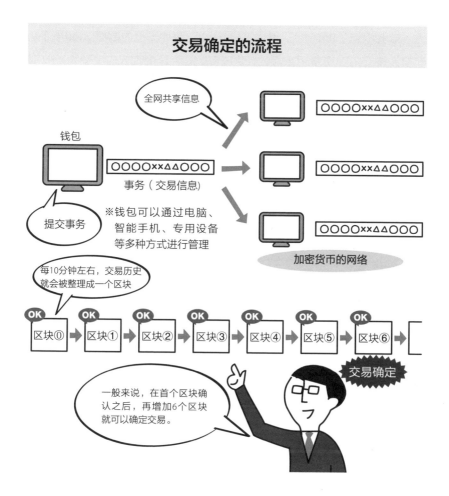

07 有"交易"之意的"事务"的作用和内容

即使在区块链上进行交易，资金本身也不会移动，而是通过记录的交易历史来表示资金的动向。这里所进行的交易与复式记账法的原理是一样的。

　　"事务"指的是在区块链上进行的汇款等交易。在链上，并不是货币在移动，而是通过记录的交易数据来表示货币的动向，这些历史记录着将一个钱包地址中的货币移动到另一个钱包地址的指令。

　　事务中有"INPUT"和"OUTPUT"两种类型的数据。INPUT是汇款人持有的加密货币余额，OUTPUT记录着接收方的金额和接收加密货币的地址。

究竟何谓 "事务" ？

发件人

INPUT

A的电子签名和公钥

一旦全部发送

钱包地址总余额
3000

汇款人的钱包地址中未使用余额(UTXO)的总和是自己可用金额的上限。当我们为汇款创建交易时就需要使用UTXO。例如要汇款1000日元，UTXO需高于1000日元才能汇款成功。将足够的金额放在INPUT中，将想要汇款到对方钱包地址的金额放在OUTPUT中，同时将剩余的部分放在输出端，以发送到自己的钱包地址。在事务的内容中，INPUT和OUTPUT的合计应该始终相等。这与复式记账法中"借方"和"贷方"的金额始终相等是同样的道理。

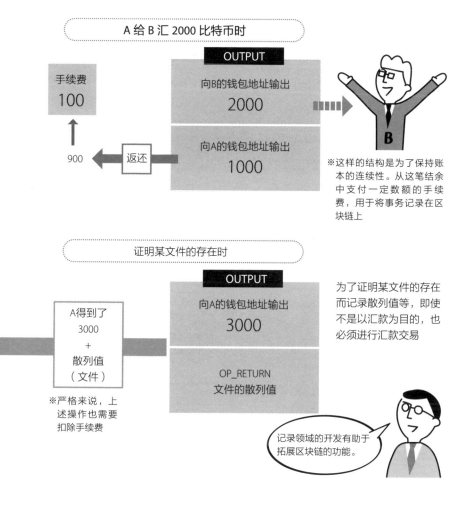

A 给 B 汇 2000 比特币时

手续费
100

OUTPUT

向B的钱包地址输出
2000

向A的钱包地址输出
1000

900　返还

※这样的结构是为了保持账本的连续性。从这笔结余中支付一定数额的手续费，用于将事务记录在区块链上

证明某文件的存在时

OUTPUT

向A的钱包地址输出
3000

OP_RETURN
文件的散列值

A得到了
3000
+
散列值
（文件）

※严格来说，上述操作也需要扣除手续费

为了证明某文件的存在而记录散列值等，即使不是以汇款为目的，也必须进行汇款交易

记录领域的开发有助于拓展区块链的功能。

08 区块链技术中不可或缺的 "散列函数"是什么？

散列函数在互联网上已广泛用于确认文件的同一性等，是谈及区块链时的一项重要技术。这种技术思想，与比特币等加密货币防篡改的特性密不可分。

散列函数是一种计算输入的数据，导出完全不同的、固定长度的数据的计算方法，得到的数字或字符串称为散列值。散列函数不仅用于加密货币，还广泛应用于互联网领域。例如，当用户使用密码登录某些网站时，密码就会被散列函数计算并储存。

散列函数具有四个特征。其一，无法通过散列值计算出原始输入值。要想获得原始输入值，必须输入随机值，然后不断地重复输入，直到偶然得到相同的结果为止，在此过程中要尝试的随机值是无限的。其

究竟何谓散列函数？

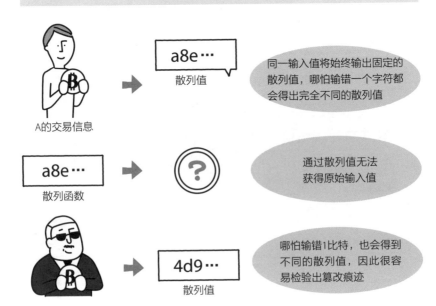

二，哪怕输错1比特，也会得到完全不同的散列值。因此，一旦数据被篡改，就会得到完全不同的散列值，所以能够立刻察觉出来。其三，散列值通常长度固定，因此，如果将较大的数据转化为散列值进行存储的话，就可以减小数据的大小。其四，散列函数具有抗碰撞性。碰撞是指输入不同的数据却偶然得到了相同的散列值。散列函数的特性，使得碰撞发生的概率微乎其微。与这种机制对抗，即使具备了非法篡改数据的计算能力，或者本身就无法实现，或者至少会耗资巨大。从经济上考虑使之难以实施篡改，也是保护加密货币技术思想的要义。

散列函数也有缺点！？

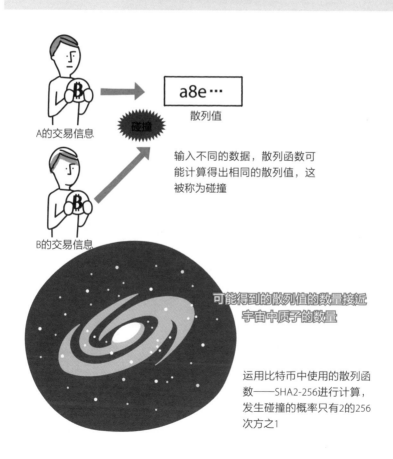

A的交易信息

a8e···

散列值

碰撞

输入不同的数据，散列函数可能计算得出相同的散列值，这被称为碰撞

B的交易信息

可能得到的散列值的数量接近宇宙中质子的数量

运用比特币中使用的散列函数——SHA2-256进行计算，发生碰撞的概率只有2的256次方之1

09

NFT 交易中不可或缺的 "钱包" 机制

"钱包"对于加密货币和 NFT 商业都是不可或缺的。钱包的功能十分方便，但是为了兼顾便捷性和安全性，研究其多种特性并予以区分十分重要。

　　"钱包"狭义上是指管理私钥的应用程序，广义上还具有查询保管在私钥对应地址上的余额、用余额进行汇款等功能。例如，"钱包"通常是以移动应用程序和网络服务的形式存在并使用的。私钥一旦被他人得知，拥有的加密货币等就会被夺走，因此有必要对私钥进行安全管理。此外，"钱包"还可以生成基于私钥和公钥导出的地址，发起事务。因此，使用"钱包"能帮助用户安全地转移加密货币。

交易所需的"钱包"的功能是什么？

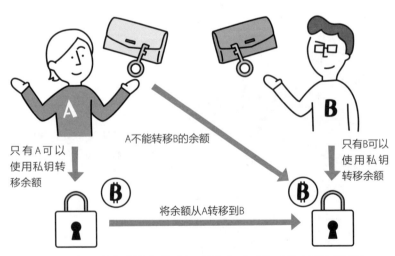

A不能转移B的余额

只有A可以使用私钥转移余额

只有B可以使用私钥转移余额

将余额从A转移到B

可以通过"钱包"管理转移余额时使用的私钥

根据"钱包"是否需要联网进行分类，在线环境下使用的是"热钱包"，它的用途多种多样，但因其连入了互联网，所以可能会被恶意攻击；"冷钱包"是一种离线环境下使用的"钱包"，可以脱离网络并安全存储，但即时转账的难度较大。要想安全、便捷地使用"钱包"，就必须充分利用这两个特性，进行区分使用。

热钱包和冷钱包的区别

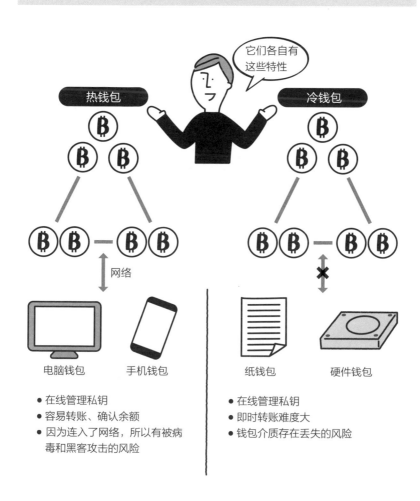

10 作为交易窗口的"钱包 APP"

一般来说，在加密货币交易中，一个钱包 APP 会拥有多个钱包地址。
钱包 APP 在区块链上发挥着怎样的作用呢？

在钱包的功能中，通过手机等管理加密货币的"钱包APP"比较容易理解吧！余额统计、电子签名、创建事务、投入网络，这些都是钱包APP的功能。因为区块链本身只能存储交易数据，为使数字交易便利进行，支持记录余额和转账的钱包APP不可或缺。

从交易安全的角度考虑，目前比较常见的做法是一个钱包APP拥有多个钱包地址。

"钱包APP" 充当交易窗口！

钱包 APP 是支持管理个
人钱包地址、查询余额、
进行转账等交易的工具

钱包APP的功能

● 密钥对的生成和存储

A B

● 钱包地址的生成

35thRQ…

比特币的
自我管理

这个钱包地址
太方便了！

钱包APP能为每笔交易创建钱包地址，因此需要根据交易数量的不同管理数万个地址。但这些工作都是自动完成的，无须用户处理。因为区块链的交易记录对所有人可见，如果在同一地址上进行多次交易，就会被那些想要掠夺资产的人注意到，就会威胁钱包地址的安全性。因此，钱包通过使用多个地址来保护个人信息。

● 钱包地址中记录的余额统计

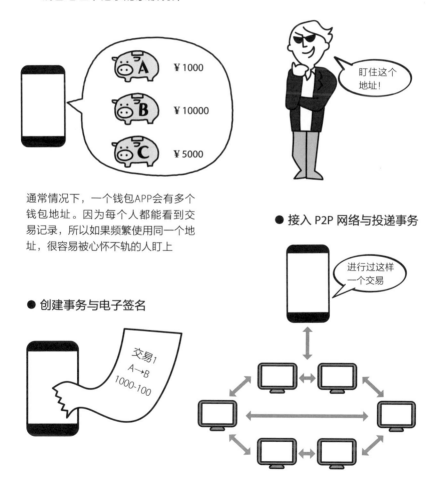

通常情况下，一个钱包APP会有多个钱包地址。因为每个人都能看到交易记录，所以如果频繁使用同一个地址，很容易被心怀不轨的人盯上

● 创建事务与电子签名

● 接入 P2P 网络与投递事务

11 区块链的优缺点

区块链有一个特性，即不存在拥有修改数据特权的管理者，因而数据无法篡改。这一特性对区块链来说有利有弊，同时它也使区块链成为一种具备信用的基础技术。

区块链是一种交易历史的存储机制，它会记录参与者认可的信息，且几乎无法篡改，因此整个系统得以长久运行。

需要注意的是，即使是提供服务的运营商和系统管理员也无法更改记录在该系统上的数据。

在一般的中心化数据记录系统中，存在可以进行任何更改的特权管理者，但区块链中的公有链里没有这样的管理者。相反，也正因如此，

区块链有利有弊

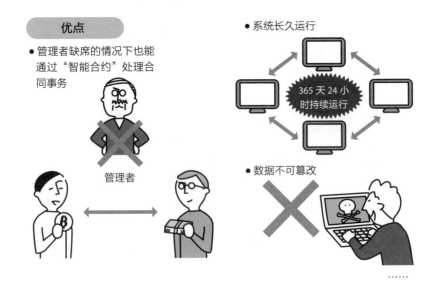

优点

● 管理者缺席的情况下也能通过"智能合约"处理合同事务

管理者

● 系统长久运行

365 天 24 小时持续运行

● 数据不可篡改

……

区块链才能作为具备信用的加密货币的基础技术使用。

区块链可以通过密码技术证明所记录数据的真实性。因此，无论服务供应商或其他参与者的信用度如何，用户都可以在区块链上放心地交易。

这样的特性既有优点也有缺点。它适合记录商业交易数据等商务用途，却不适用于"个人信息"等的存储。因此，在使用区块链时需要考虑其优缺点，灵活运用。

缺点

● 无法删除或修改数据

我改不了！

错误的数据 → 错误的数据

● 基本上是公开的，因此无法规避恶意参与者

● 一旦网络中接入了大量处理能力低的计算机，处理速度就会下降

网速太慢了！

● 区块链相关的法律尚不健全

救命！

法律中没有相关说明。

● 当数据持续增加时，处理速度会相应地下降

数据　数据　很难处理……

区块链的特性是否也会成为其缺点？

12 NFT 和加密货币 有什么区别?

区块链上正在不断涌现出新的商品，比如可以在网络上共享价值的加密货币（同质化代币）和数字意义上具有唯一性的 NFT（非同质化代币）等。两者之间有着怎样的区别呢？

在区块链上发行的代币，大致可以分为同质化代币（FT/Fungible Token）和非同质化代币（NFT/Non-Fungible Token）两种。

同质化代币是一种可以共享价值、能够替换的代币，例如在区块链上交易的比特币等。

而NFT是一种具有独一无二的价值且不可替换的代币，主要应用于区块链游戏中。将它视为与艺术品一样具有唯一性的作品来考虑，其概念就不难理解了。最近，日本音乐家坂本龙一将自己的乐曲一个音符

加密货币和NFT有什么不同?

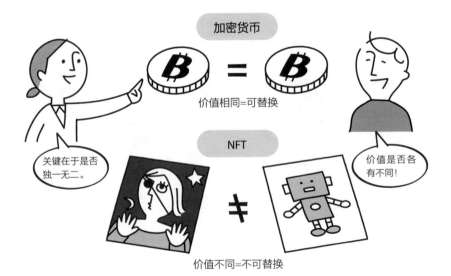

加密货币

价值相同=可替换

NFT

关键在于是否独一无二。

价值是否各有不同!

价值不同=不可替换

一个音符地切分开，作为收藏品NFT发售；游戏公司KONAMI也把过去作品中的游戏场景、背景音乐和主海报制成NFT艺术品发售，引发热议。NFT记录了原作的存储位置，并通过网络上任何人都可以确认的机制，使其成为可以证明该作品唯一性的鉴定书。

这项技术能够赋予数字数据唯一性，除游戏领域之外，还有望应用于会员权利、不动产所有权证明、著作权和艺术品等多个领域。

这样的NFT将更受欢迎！

13 新发行 NFT 的行为
——"Mint"是什么?

通过"Mint"非同质化代币 NFT,NFT 的市场规模将进一步扩大。我们屡屡碰到"Mint"这个词,它到底是一个什么样的概念呢?

在区块链上,智能合约会自动执行协议内容。NFT中的"Mint"是指使用智能合约,创建和发行新的NFT。"Mint"一词来源于"Minting"(铸造),指将熔化的金属倒入模具中成型的过程。是不是就像铸造硬币一样,创造新的NFT呢?

一般而言,NFT的出售是与将艺术品或音乐等独一无二的原创内容上传到交易平台同步进行的。

"Mint" 是什么?

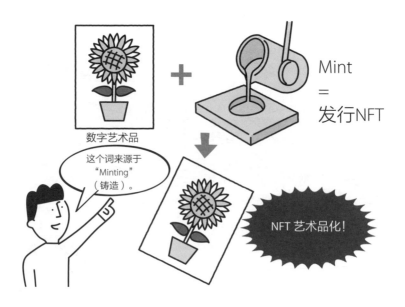

数字艺术品

这个词来源于"Minting"(铸造)。

Mint
=
发行NFT

NFT 艺术品化!

在此基础上发行NFT，所有的交易记录就会被直接记录在区块链上，处于"上链"状态。

也就是说，Mint是指将原创内容上传到NFT交易平台，然后发行NFT，使其处于信息上链状态。这就是发行和创建新NFT的过程。

NFT交易平台是一个专门的平台，支持在世界各地进行NFT交易。该平台由不同的运营商开设，其中"OpenSea"（详见第三章）是全球最大的NFT交易平台，支持各种区块链，除了艺术品和音乐之外，还可以交易游戏道具、现场门票、虚拟空间土地等。

交易平台是什么？

交易平台就是这样的

点击图片就能进入制作者的投标页面。

就像网上购物一样简单。

14 NFT中不可或缺的"智能合约"和"以太坊"

目前,NFT在游戏和艺术领域异常活跃,预计未来将应用于所有权证明、身份证明以及著作权商业领域。对于这样的NFT来说,智能合约技术不可或缺。

与具有交易价值的加密货币不同,NFT交换的是持有数字数据的权利。NFT可以在交易平台上自由转让,交接之时,区块链上的所有者信息也会随之更改。与NFT交易相关的协议都是通过"智能合约"的功能执行的。

智能合约是指按照预先设定的规则,在区块链上自动执行从预定义到结算的一种协议机制。

安装了这一智能合约功能,被广泛应用的去中心化应用平台就是

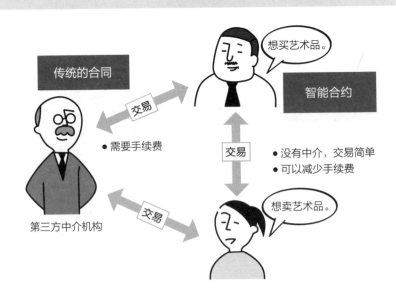

何谓智能合约

传统的合同

想买艺术品。

智能合约

交易

● 需要手续费

交易

● 没有中介,交易简单
● 可以减少手续费

第三方中介机构

交易

想卖艺术品。

"以太坊"。以太坊具有在区块链上记录应用程序、保存协议内容的功能，实用性很强，不仅支持NFT交易，就连如今备受关注的去中心化金融"DeFi"通常也是基于以太坊平台打造的。

　　在以太坊平台上使用的加密货币正确的说法是"以太币"（ETH），它不仅作为加密货币用于NFT支付，其本身的价值也很高，现在是仅次于比特币的市值最高的加密货币。今后，如果NFT的知名度越来越高，以太币的价格还可能进一步上涨。

何谓去中心化金融 （DeFi）

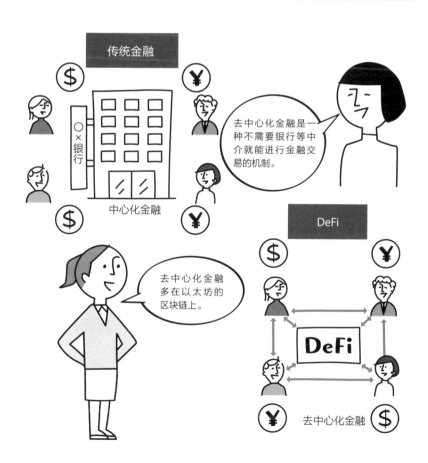

15 比特币和以太坊本质上的不同

2008 年，一个自称中本聪的人发布了比特币白皮书，比特币就此面世，区块链技术的知名度也随之水涨船高。而以太坊又大幅拓宽了区块链技术的应用范围。

世界上首个区块链是为了比特币，也就是加密货币而开发的。后来，不再仅仅服务于加密货币，而是通过各种各样的功能，应用到了其他领域。其中，以太坊的开发就大幅提高了链的潜力。作为一个通用平台，它可以开发和运行复杂的应用程序。

以太坊是由加拿大的大学生维塔利克·布特林开发的，其概念并非加密货币专用，而是指向不停机、24 小时自主运行的通用性极强的计算

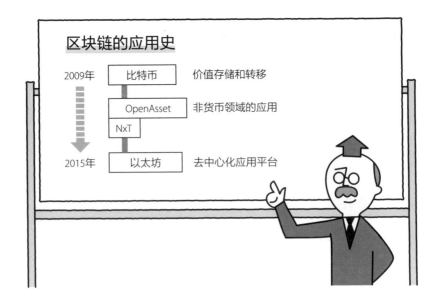

以太坊的形成史

区块链的应用史

2009年	比特币	价值存储和转移
	OpenAsset	非货币领域的应用
	NxT	
2015年	以太坊	去中心化应用平台

机。布特林将这种以太坊称为"世界计算机"。

以太坊与比特币最大的不同在于，它可以运行复杂的程序，为了开发程序，以太坊内设有"Solidity"等多种编程语言，普通程序员也可以轻松使用。因此，开发者可以用Solidity等编写程序，让它在区块链上运行。

以太坊的出现，使得用户可以在以太坊的链上轻松地创建各种代币和原创的加密货币，而不需要开发自己的链。因此，各种新型加密货币急剧增加。

比特币和以太坊有何不同？

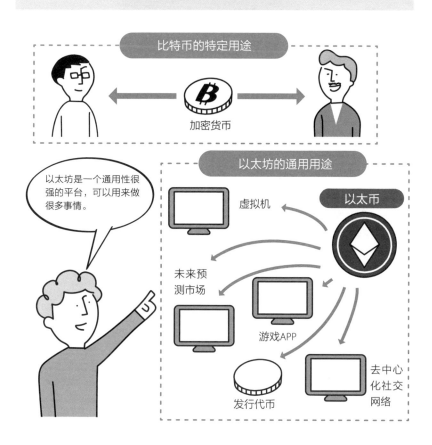

比特币的特定用途

加密货币

以太坊的通用用途

以太坊是一个通用性很强的平台，可以用来做很多事情。

虚拟机

以太币

未来预测市场

游戏APP

发行代币

去中心化社交网络

16 NFT 中使用以太坊的问题

虽然以太坊是通用型区块链，但要想让广大普通用户使用，还存在一些有待解决的问题。其中，最大的问题可以说是被称为"燃气费"的手续费问题。

正如前文提到的，以太坊是一种通用型的区块链，可以应用于各种应用程序。如今，通过活用该区块链技术创建的NFT，有望促进不同服务间的往来以及NFT持有者之间的沟通等，从而开启以内容流通为中心的新纪元。但是，这种通用型区块链也存在很大的问题。

普通用户在转移NFT时，必须用以太币支付网络手续费。这种手续费被称为"燃气费"，但随着以太币本身价值的飙升，"燃气费"价

加密货币转账时需付"燃气费"

"燃气费"就是用户转移加密货币时，向数据计算节点支付的费用。"燃气费"越高，越会优先处理

70

格也随之水涨船高。

反过来讲，为了交易NFT，参与者还需要特意购买以太币，用以支付"燃气费"。对于那些对以太币毫无兴趣的普通人来说，高昂的"燃气费"极大地提高了他们进入NFT的门槛。

另外，由于以太坊的通用性很高，除了NFT以外，还可用于加密货币的开发和各种应用软件的开发等。结果，网络就会像堵车一样出现拥堵，这也是"燃气费"高涨的原因之一。

以太坊还有很大的改进空间，人们期待未来"以太坊2.0"等的开发。

燃气限量 × 燃气单价
－ 所用燃气 ＝ 燃气费

① 设定燃气消费的限量。燃气消费量取决于交易的复杂程度

② 一旦参与者允许转账，区块链生成区块时就会消耗燃气

③ 矿工需要全额支付消耗燃气相应的挖矿手续费

④ 从限额中扣除燃气费，多余部分会退回

17 激活 NFT 的区块链开发

普通用户想要加入 NFT 的话，高昂的"燃气费"等各种问题会是一个障碍。为了解决这些问题，各平台公司都采取了多方面的措施。

普通用户想要加入NFT，面临着多方面的障碍，比如以太坊高昂的"燃气费"等。

NFT特化型区块链就是为了解决这些问题而开发的。该系统旨在让普通用户也能轻松使用NFT，在进行NFT转移交易时不会产生"燃气费"。这样一来就不需要考虑"手续费"的问题了，就能轻松地使用区块链的服务和NFT。

NFT特化型区块链

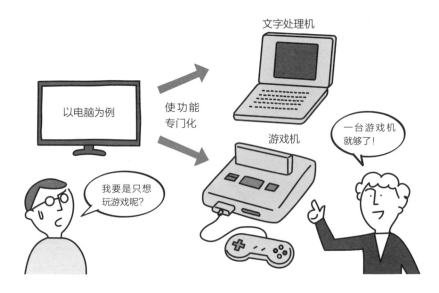

而且，NFT可以在多个区块链之间提供跨链服务，这将成为运营商安心开展NFT业务的契机。

此外，NFT平台中各公司提供的服务中发行的特殊代币也备受关注。

代币是由现有区块链技术制成的一种加密货币。一些服务中的代币，例如游戏中使用的特殊货币，可以按照一定的汇率在加密货币交易所兑换比特币等，因此备受关注。

诸如此类的想法和功能的开发，蕴藏着能让各种各样的人都能享受NFT的可能性。

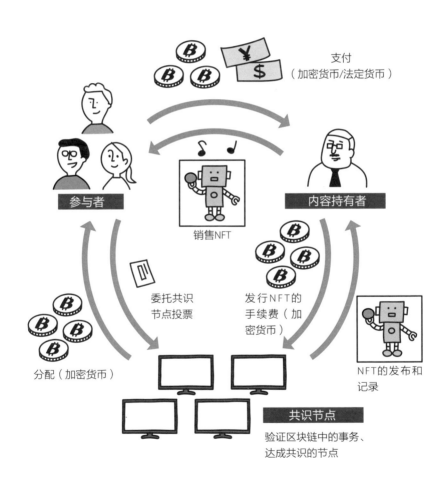

支付
（加密货币/法定货币）

参与者

销售NFT

内容持有者

委托共识
节点投票

发行NFT的
手续费（加
密货币）

NFT的发布和
记录

分配（加密货币）

共识节点

验证区块链中的事务、
达成共识的节点

专栏

需要掌握的 NFT 商业用语②

1. DX

DX是数字化转型（Digital Transformation）的缩写，是指通过使用数字技术改变生活形态和商业面貌。这一概念是瑞典经济学家埃里克·斯托特曼（Erik Stolterman）在2004年提出的。DX化和IT化虽然都旨在利用数字技术实现变革，但仍有很大的区别。例如，在企业中，IT化是提高现有业务流程效率的一种手段；而DX化则是着眼于大处，旨在从根本上改变产品、服务或商业模式。这是不小的差别。在现代企业经营中，如何利用技术创新是成功的关键。但是，DX化并不仅仅是使用最新的技术，而是从适应整个社会变化的角度出发，对经营战略进行创新性改革。

2. 去中心化

去中心化是指没有政府和企业这样强大的运营母体，通过个人之间的关系共同运营的一种组织形态。自比特币问世以来，这一去中心化的形态在区块链业界备受关注。之所以备受关注，是因为去中心化下决策透明、民主。在中心化的组织中，决策权掌握在少数人手中，其过程往往不是公开透明的。与之相对，在去中心化的组织中，由多数人共同做出决策，其过程是公开透明的，这是去中心化的一大优势。此外，它不依赖于特定的运营者，所以项目因某个人无法参与运营而终止的风险较小，这也是去中心化的优势所在。但是，去中心化的组织形态也存在一些弊端，比如决策速度慢、讨论出现分歧时很可能难以达成共识等。

3. P2P

P2P是一种网络通信技术，它允许不特定多数的计算机（节点）不通过中央管理服务器，直接在节点之间共享数据。P2P是Peer to Peer的简称。传统的通信系统被称为客户端-服务器系统，网络中各节点之间的通信通过服务器进行，无法直接与其他节点共享数据。P2P机制解决了这个问题。P2P的优势在于分散管理数据能力强、处理速度不易下降、保证匿名性。P2P有以下三种类型："纯P2P"，只在客户端之间连接并共享信息；"混合型P2P"，在P2P网络上使用服务器；"超级节点型P2P"，从网络中选择几处处理能力良好、通信线路稳定的节点，用以管理所连接节点的信息。

4. 分布式系统

分布式系统是指通过网络连接多台计算机，从而分担工作的运行体制。多个节点在网络上相互连接，因此可以进行分散处理。传统的集中式系统的优点在于具备大容量数据的处理能力，同时在操作和安全上易于管理。但是，这种系统的缺点是，集中管理的计算机负荷大，一旦发生故障，整个系统就会停止运行，维修时间也很长。为了解决这个问题，导入了分布式系统。分布式系统有以下两种形态：将功能不同的计算机分级配置的垂直分布式系统和将功能几乎相同的计算机对等连接的水平分布式系统。

5. 工作量证明（PoW）

工作量证明是为了将比特币等加密货币的交易、转账等信息准确记录在区块链上而设定的一种机制。支持加密货币的许多系统中没有中央管理机构，因此需要这样一种机制，用以保证即使没有中央管理者，也不能轻易篡改数据。因此，工作量证明是一个非常重要的概念。这是一种在区块链上记录并认可正确交易的方法，第一位解出计算量很大的题目的参与者可以连接到下一个区块（即各种比特币交易记录的汇总处），同时还会获得作为奖励的比特币。这种解题活动被称为挖矿。此时，如果不能将正确的信息连接成区块，之后就不会出现继续连接区块的矿工，应得的比特币收益将来也会不复存在，所以矿工们应该连接包含了正确信息的区块。像这样，利用经济激励的机制就是工作量证明机制。

6. 权益证明（PoS）

权益证明是为了将加密货币的交易、转账等信息准确记录在区块链上而设定的一种机制。如Proof of Stake（股份证明）一词所示，权益证明是指加密货币的股份，换言之，持有数量越多，越容易将数据群，即区块连接在区块链上。比特币采用的是工作量证明而不是权益证明。但是，也有一些加密货币采用权益证明，以太币也正计划从工作量证明转换为权益证明。权益证明改进了工作量证明存在的问题，其优点是即使没有强大算力也能成功挖矿。

7. UTXO

UTXO是Unspent Transaction Output（未花费的交易输出）的缩写。这是比特币等采用的一种余额管理机制，也指在该机制中用于把握余额的未花费的加密货币。区块链上并没有直接记录每个地址的余额，而是只记录单个交易内容，即从哪个地址向哪个地址发送了多少加密货币等信息。这里，转账的来源是UTXO，而留存在接收方地址中的是新的UTXO。通过汇总区块链上记录的与该地址相关的UTXO的增减，可以计算出某个地址上的余额。有了这样的机制，进行每笔交易时就不需要逐一确认余额，只需要在区块链上用复式记账法记录简单的进出即可，可以有效地积累交易记录。

8. 以太坊2.0

作为区块链以太坊1.0的升级版，计划开发的是以太坊2.0。与1.0相比，正在开发的以太坊2.0的目标是在坚持去中心化和降低耗电量的同时，提高安全性和扩展性。以太坊也被称为"世界计算机"，因为它具备构建各种应用程序的运算能力。它被广泛地应用于DApps（去中心化应用程序）和加密货币中，甚至用于筹建加密货币交易所，今后有望实现更多样化的用途。但是，目前的共识算法在处理能力上依然有限，升级后的以太坊2.0正是为了克服这种局限性。它计划通过形成新区块链的方式来实现，其中实现的内容包括从工作量证明向权益证明转变，引入分片这一分布式负载系统等。

Chapter

03

第三章

实践！
用 NFT 获利的捷径

个人在开展NFT商业时，需要经历不同的阶段。本章将介绍一些能在最短时间内获利的NFT商业实践小贴士。

01 哪里可以买到 NFT？
——九大主要的交易平台

交易平台是进行 NFT 交易的场所。随着 NFT 在全球范围内的开展，交易平台的数量剧增。在日本，也不断有大型企业参与其中，本节将介绍其中九个适合个人的代表性交易平台。

　　阅读此书的您想必已经了解了NFT，并考虑买入或发行NFT。但是，该去哪里购买和销售NFT呢？答案就是交易平台。交易平台是指买卖NFT的平台，在这里可以出售艺术家等创作者制作的NFT（首次出售），也可以通过加密货币买卖用户们各自持有的NFT（二次出售）。因此，交易平台中的活动大致可以分为四种：制作和发行NFT；出售制成的NFT；购买正在出售的NFT；出售买入的NFT。

何谓NFT的交易平台？

这样一来，每个人都可以通过交易平台自由买卖NFT。选择哪个交易平台，要考虑以下几个方面：有无心仪的NFT、支持哪些行业、手续费是多少、平台的信用如何等。目前，主要的交易平台有九个。其中，最具代表性的是OpenSea和Rarible，前者应用范围最广，而后者主营艺术品类。关于这些交易平台会在后文中详述。除此之外，代表性的平台还有Foundation、Binance NFT、VIV3、Atomic Hub、miime、nanakusa和Coincheck NFT等。这些平台各有其特色，可以根据个人的目的进行选择。

九大主要的交易平台

OpenSea
适合新手

它是世界上使用最多的交易平台，涉及的NFT的类型广泛，涵盖艺术、体育、游戏等

Rarible

以艺术类NFT为主，不仅发行NFT，还发行RARI这一独特的加密货币

Foundation

以艺术类NFT为主，只有通过预先审查的创作者才能在该平台上发行NFT，因此该平台上的作品具备一定水准

VIV3

它使用加密货币Flow结算，目前仍以艺术类NFT为主，但未来很可能会增加门类。无须网络手续费

Binance NFT

大型加密货币交易所Binance的交易平台，任何Binance用户都可以使用该平台，但仅出售注册过的创作者的NFT

miime

日本推出的NFT交易平台，引入了日元结算机制，用户界面也使用了日语。产品包括艺术和体育类NFT等，种类繁多

Atomic Hub

由多个交易平台组成，可使用加密货币Wax进行结算。日本原创的内容很多（如哥斯拉、街头霸王等）

nanakusa

日本推出的交易平台，采用加密艺术家注册制度，只出售通过审查的艺术家和企业家的NFT作品。支持日元结算

Coincheck NFT
适合新手

它是日本推出的交易平台，由加密货币交易所Coincheck开设而成。支持在Coincheck上市的加密货币。平台上交易的产品门类丰富，涉及游戏和体育等领域

02

拉动 NFT 发展的 OpenSea 和 Rarible

NFT 交易平台中具有代表性的就有九个。本节我们将详细介绍其中两个走在发展前列的交易平台，一个是全球最大的 NFT 交易平台，另一个是凭借透明度得到了广泛支持的交易平台。

在急速增加的NFT交易平台中，有两个平台极大地拉动了NFT的发展，分别是OpenSea和Rarible。

OpenSea是全球最大的NFT交易平台，总部设在纽约。该平台创立于2017年，算得上是"老字号"，而且对初学者友好，容易理解、操作简单，因而得到了很多人的支持，很多人都说NFT正是始于OpenSea。事实上，OpenSea的作品数量和交易总额也稳坐榜首。其中涉及的NFT涵盖艺术、音乐、游戏道具、虚拟空间的土地、域、集换

拉动行业发展的两大平台

OpenSea 是 2017 年 12 月创立的"老字号"

特点①

这个游戏道具是我一直想买的！

特点②

艺术品　音乐　游戏道具

虚拟空间的土地　域

集换式卡牌　活动门票

特点③

转卖还会给我版税！

买卖NFT时会产生手续费，只需准备好"钱包"即可

每个人都可以轻松且免费制作、发行NFT，因此NFT的种类丰富

不仅可以选择NFT的销售方式，二次出售时作者还可以获得版税

式卡牌、活动门票等多个领域。出售者只需先支付登录费，之后无论展出多少件作品，都无须支付NFT化所需的"燃气费"（手续费）。目前，月交易总额已超过数十亿美元。

而Rarible是2019年由俄罗斯裔创业者专为艺术领域打造的交易平台。现在，其交易领域拓展到了游戏道具、虚拟空间的土地等，月交易总额仅次于OpenSea。Rarible最大的特点就是组织的透明度。Rarible发行了自己独特的加密货币"RARI"，用户出售或购买NFT都会获得RARI。Rarible的目标是建立自主分布式组织，用户可以通过获得RARI拥有投票权，继而参与Rarible的运营。

OpenSea基本上都是使用英语，但操作简单，适合初学者。

Rarible也支持日语，和OpenSea一样，可以设定二次出售的版税，这一点也很有吸引力。

R Rarible 创立于 2019 年 11 月，位居同行业第二位

特点① 特点② 特点③

如果这里也能交易游戏道具，那我也在这里出售NFT吧！

NFT 销售

R Rarible 支付

投票箱

通过买卖NFT，可以获得独特的加密货币"RARI"

拥有"RARI"的用户可以参与运营投票，组织运营的透明度高

目前也交易游戏道具、虚拟空间的土地、域等高人气领域的NFT

03 日本国内艺术品类 NFT 交易平台

NFT 交易平台始创于美国，但是，日本很快就追上了美国的脚步。日本国内也已诞生了多个交易平台，并发展至今。其中，日本最有影响力、创立最早的交易平台是哪一个呢？

在日本，NFT服务出现得并不太晚。在众多成功的案例中，"nanakusa"是日本首个以艺术品类NFT闻名的交易平台。现在，这个平台由SBI控股的子公司SBI NFT股份有限公司运营。使用"nanakusa"，需要用到加密货币以太币，因此MetaMask等钱包是必不可少的。不过，该平台也支持信用卡。艺术品类平台nanakusa会对展出作品进行审查，被认可的创作者被称为公认艺术家。

日本推出的交易平台陆续登场

Coincheck NFT

- 可用于买卖的加密货币品类丰富，多达十余种
- 出售、购入NFT时免"燃气费"（手续费）

※但出售时需要10%的手续费

Adam by GMO

- 内容涉及艺术、漫画、集换式卡牌等
- 支持日元（含信用卡）结算
- 有些内容仅限NFT持有者才能观看

在购入的LAND（虚拟空间里的土地）上设置富有吸引力的内容，就可以创造出新的数字资产。

虚拟空间

坂本龙一在这里出售了NFT化乐曲的音符，因而备受关注；著名漫画家为人气作品新绘的插图也在这里出售。

　　nanakusa开设了两种形式的市场，并将以下功能作为卖点：一是引入加密货币Polygon，抑制以太币"燃气费"的上涨，而且首次出售时支持信用卡支付，也能方便普通人购买；二是设置仅对NFT持有者可见的浏览权限功能，以保护创作者。此外，平台还通过版税分配功能返还版税，将其作为对创作者的奖励，并建立了促进创作者合作的机制。而且，我们还推出了Gtax（计算加密货币损益的软件），方便创作者报税。未来日本应该还会推出nanakusa这样的交易平台吧！

nanakusa

- 交易平台分为两部分："创作者"与"合伙人"
- 由认证为公认艺术家的创作者（以个人为主）、nanakusa的合作伙伴（以企业、品牌为主）出售NFT

急速发展的原因

一个很大的优势在于，即使是从未使用过加密货币的用户，也可以在该平台购买NFT。

- Polygon的引入节省了"燃气费"
- 首次出售中支持加密货币以外的信用卡支付
- 仅对NFT持有者可见的浏览权限功能
- 配置版税分配功能，鼓励创作者之间进行合作
- 引入Gtax，方便创作者报税

感谢您的购买！

期待您下次的作品！

创作者　　合伙人

nanakusa

作为更为优秀的内容发布平台，nanakusa上集结了一批优秀的创作者，随之也吸引了具有购买意愿的用户。

nanakusa作为白金赞助商，参加了2021年7月在亚洲5个国家6个城市举办的NFT艺术盛典"亚洲加密艺术周"。

04 交易平台的代表 OpenSea 上能买卖哪些东西？

交易平台可以交易很多东西，其中，最具代表性的类型有四种。本节将介绍在全球最大的交易平台 OpenSea 上买卖的东西，并探究其被交易的原因。

OpenSea上最受欢迎的四个交易类型是数字艺术品、音乐、虚拟空间的土地和游戏。正如前文所述，NFT这一概念的引入，使得数字艺术品可作为具有唯一性的财产进行交易，而且这种交易非常活跃。另外，OpenSea上也有音乐服务，预计今后该领域的交易也会不断增加。而购买虚拟空间里的土地的交易活动也在增加。比如，曾有一笔交易，一块土地卖出了57万美元以上的价格。

OpenSea 上交易的主要类型

数字艺术品
所谓的数字艺术品不仅包括插图、照片等静止画面，还包括视频作品

音乐
不仅有乐曲，还会附带特别演唱会的门票、影像素材等福利，即便被转售，艺术家也会获得版税收入

虚拟空间的土地
虚拟空间中用户可开发的"土地"等

游戏
可以买卖游戏道具和角色，还可以通过玩游戏赚取加密货币

但是，如今势头最盛的交易类型还是区块链游戏。在传统的网络游戏中，通过作弊的不正当行为，批量生产角色、盗取他人账号后转卖等现象屡见不鲜，这对游戏公司和用户来说都是一种损失。但是，在区块链游戏中，通过将道具NFT化，或许可以提供一个安心享受游戏的环境，因此备受关注。其中，一款叫作Play to earn模型的游戏非常火爆。这款游戏的机制是通过玩游戏来赚取加密货币，在一些国家甚至有很多人以此为生。

用户可以把NFT当作"真实的资产"

05 了解在 OpenSea 上 交易 NFT 的全貌

读到这里，我想你已经对交易平台有了一个模糊的认识。本节将介绍在全球最大的交易平台——OpenSea 上进行 NFT 交易的总体情况。

你或许对NFT感兴趣，也想要试着进行交易。接下来，我们将从整体上介绍一下应该如何使用OpenSea。首先，一个大前提是你必须把可以交易的NFT类型记在脑海里。NFT的选择并不像购买今晚晚餐的食材那么简单。选好前面介绍过的NFT的对象之后，就要真正开始进行交易了。此时，不要忘了在加密货币交易所或加密货币销售点购买OpenSea交易中需要用到的加密货币——以太币。其次，我们还需要

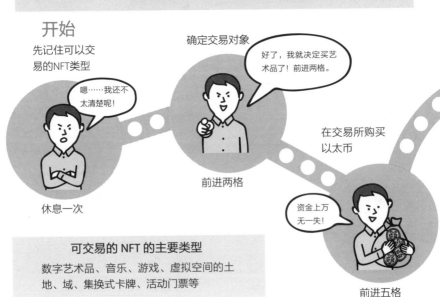

OpenSea 上 NFT 的交易方法

开始

先记住可以交易的NFT类型

嗯……我还不太清楚呢！

休息一次

确定交易对象

好了，我就决定买艺术品了！前进两格。

前进两格

在交易所购买以太币

资金上万无一失！

前进五格

可交易的 NFT 的主要类型
数字艺术品、音乐、游戏、虚拟空间的土地、域、集换式卡牌、活动门票等

导入可称之为以太币钱包的MetaMask。MetaMask是用来管理、转移和接收加密货币的，在功能上的确是一个钱包。把它安装到电脑上登录后，准备工作就完成了。

接下来，在网上搜索你想要购买的NFT吧！因为OpenSea上交易的东西很多，所以最好按照事先确定好的品类搜索。确定要购买的NFT后，选择"立即购买"并"结账"。此时，需要支付"燃气费"。然后，确认NFT已存入自己的钱包后，交易结束。而如果你想出售，需要先从"我的文件"中选择想要出售的NFT。选择"出售"后，再选择出售方式并输入价格，由MetaMask支付出售所需的"燃气费"，手续完成。

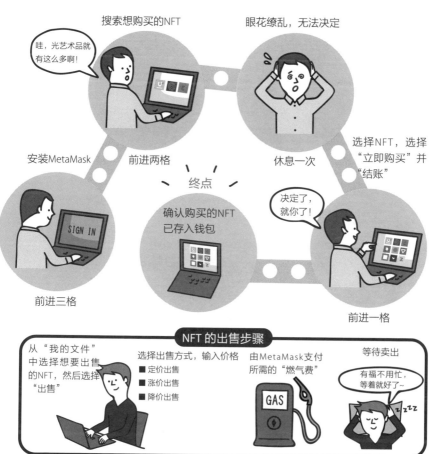

06 用于 NFT 的 "加密货币" 究竟是什么？

一般来说，NFT 要用加密货币等价购得。如果不了解何谓加密货币就贸然交易，可能会蒙受损失或遭遇意想不到的状况。在这之前，你需要先了解加密货币。

加密货币是一种可以在互联网上进行交易的财产性资产，它不具有纸币或硬币之类的实体。买、存、增、用等所有交易行为都被区块链记录在互联网上，因此数据难以篡改，且不需要管理者进行监控，这是它的一大特点。因此，与日元、美元等法定货币不同，加密货币的交易无须通过银行等第三方机构。另外，由于没有国家或中央银行的管理，加密货币的价值可能会因各种因素出现大幅波动。目前，加密货币的种类很多，但最主要的加密货币还是比特币。比特币确立了使用区块链这一

加密货币的定义

日本《资金结算法》（2009年第59号法律）中这样定义加密货币：

何谓加密货币？

一、 购入、租借物品或者接受劳务时，为支付其对价，能够对不特定的人使用，并且能够以不特定的人为对象购入或卖出的财产性价值（仅限于以电子方法记录在电子机器或其他地方上的，不包括本国货币、外国货币及货币计价资产。下一项也有此限制）。它可以通过电子信息处理系统进行转移

二、 能够以不特定的人为对象与前述一中所列价值进行互换的财产性价值，它可以通过电子信息处理系统进行转移

啊，有确切的定义啊！

原来如此！

加密货币的机制，由此后来的各种加密货币才应运而生。没有比特币，就没有现在的加密货币市场。而比特币以外的加密货币，如以太币和瑞波币等，则被称为竞争币。竞争币可定位为替代比特币的加密货币。因此，相较于比特币，竞争币在功能上得到了强化，大多都增加了新的功能。例如，主要用于NFT交易的以太币就实现了一个名为智能合约的功能，它可以按照预先设定的规则在区块链上自动生成、执行交易。

比特币和竞争币的区别

07 加密货币的价格如何确定?

加密货币的价格每天都在大幅波动。如果是被价格吸引而购买加密货币,那么价格也很可能向意想不到的方向波动,以致蒙受损失。那么,加密货币的价格是如何确定的呢?

　　加密货币的价格由市场的供需平衡决定。需求指买方,供给指卖方。当买入订单的总量大于卖出订单的总量时,价格就会上涨;当卖出订单的总量大于买入订单的总量时,价格就会下跌。一般情况下,当某加密货币的关注度上升、功能的前景被看好时,买方订单就会增加,价格也容易上涨。反之,当对前景等的评价下降,或者出现其他更有吸引力的加密货币时,卖方订单就会增加,价格也容易下跌。

供需引起的价格波动

买入订单多的时候

多少钱我都想买!

价格上涨

虽然想卖,但是……

卖出订单多的时候

给多少钱我都卖!

价格下跌

不需要啊……

加密货币的价格决定了可购入的数量，在等量的资金下，价格越低可购入的数量越多。这个数量会对加密货币的价格产生很大的影响。大多数加密货币都有基本数量，也就是最大发行量。市场上流通的数量越接近最大发行量，加密货币的稀缺性就越高，其价格也会上涨。例如，比特币发行数量上限为2100万ＢＴＣ，瑞波币发行数量上限为1000亿ＸＲＰ。而ＮＦＴ中主要使用的以太币没有发行数量的上限，因此不会出现这样的价格波动。

发行数量造成的价格波动

91

08 哪里能买到加密货币?

使用加密货币进行 NFT 交易，首先必须购买加密货币。而加密货币存在于互联网上，我们应该从哪里、以何种渠道获得呢?

　　获取加密货币最主要的方式是在加密货币交易所或销售点开户（钱包），然后购买。世界上有很多加密货币交易所，选择交易所需要考察以下几个要素：代表活跃度的"交易额"、保护加密货币的"安全性"、交易时所需的"手续费"以及可交易的"品类数量"等。对于日本人来说，与日本国内的交易所相比，海外的交易所遭受黑客攻击以及被诈骗的风险更高，由于语言和法律问题，感觉门槛更高。但是，海外交易所也具有日本国内交易所所没有的优势，比如可交易的品类更多、

选择交易所的要点

手续费更便宜等。

与股票和外汇的开户相比,交易所开户并不是特别难。在日本国内的交易所开户,需要与交易所沟通时使用的电子邮件地址和电话号码,以及驾照、个人号码卡等证件。多数情况下,在交易所注册电子邮件地址后,设置密码、绑定电话号码、提交证件,一到两周内即可完成开户。而海外的一些交易所只需要注册电子邮件地址就可以开户。

开户流程

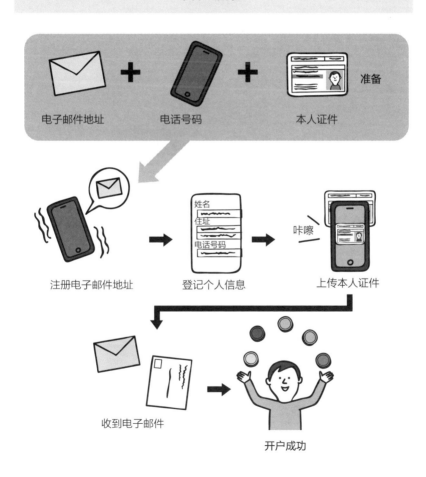

电子邮件地址　　电话号码　　本人证件　　准备

注册电子邮件地址　　登记个人信息　　上传本人证件

姓名　住址　电话号码

咔嚓

收到电子邮件

开户成功

09 为了不亏损你必须提前了解！
交易所和销售点的区别

在交易所开好账户开始交易时，你就会注意到有两个服务，一个是交易所，一个是销售点。两处都可以购买加密货币，那么交易所和销售点有什么区别呢？

交易所和销售点都可以购买加密货币，两者的区别在于交易对象不同。交易所进行的是想要买卖加密货币的个人间的交易，交易所是进行买卖的中介。交易是在买卖双方供需匹配之时发生的，因此价格和数量取决于市场行情。而销售点是和从业者进行交易，按照销售点的标价买入，再按照销售点的标价卖出。因为交易的是从业者持有的加密货币，达成交易所需要的时间很短，可以一次性购买想要的数量。

交易所和销售点的区别

因为在销售点可以稳定地购得加密货币，所以，人们往往会产生销售点更好的错觉。但是，销售点大多都设定了比较高的手续费。另外，即使有的销售点宣称免手续费，但由于商家也是靠手续费盈利，所以这里面有隐形的手续费。买入和卖出的价格差称为买卖价差，这实质上就是手续费。买卖价差一般都高于交易所的手续费，所以比起交易所，销售点的手续费其实更高。对于加密货币的初学者等用户来说，推荐使用可以简单买卖加密货币的销售点。但是，使用时还需要注意手续费的高低和价差的大小。

销售点

想买以太币。

想卖以太币。

买价48万日元、卖价50万日元。

个人

个人

从业者

卖出价格 50万日元

买入价格 48万日元

这个差值就是价差

＝

实质上的手续费

10 在交易所购买以太币的注意事项

如果你已经开户，并向账户转入了资金，接下来就可以实际试试购买以太币了！鉴于买入和卖出都可以在交易所轻松地完成，因此本节将介绍交易所的买入方法。

在交易所购买加密货币和买股票一样，都需要使用"板"进行交易。交易时的下单方式分为限价委托和市价委托。限价委托是指定想要购买的金额和数量进行下单，如果有内容相同的卖出指令，交易就能成功。例如，如果想以45万日元的价格买入现价为50万日元的0.01以太币，那么当价格下跌到45万日元，且出现45万日元的卖单时就会成交。另外，所有交易的指定价格和数量都会按价格高低排列在"板"

限价委托和市价委托的区别

限价委托

板

卖	报价	买
1000	500,001	0
0	500,000	0.01
0	499,999	0.1
0	499,998	0.2

用50万日元买入0.01以太币吧！

交易成功

1000	500,001	0
0.01	500,000	0.01
0	499,999	

有卖单来了！

上，通过观察"板"的情况就可以了解到市场的行情。而市价委托是不指定买卖价格的下单方法。只要指定想要买卖的数量，就可以立即交易加密货币。因此，如果想要立即确定收益或把损失降到最低，推荐这种方法。但是，市价委托有一个很大的弊端，就是成交前不知道价格。

不过，限价委托也有一些注意事项。与股票等不同，加密货币可以24小时进行交易，因此一旦发出了限价委托，就会一直留在市场上。如果不及时根据行情查看订单，有可能会损失惨重。另外，脱离市价的限价委托很难成交，这就需要密切关注"板"的情况，时刻把握行情。

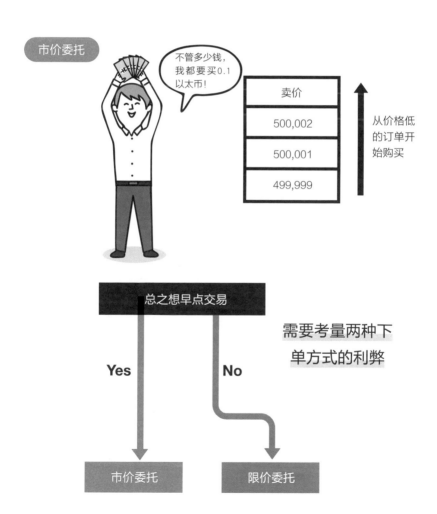

11 MetaMask（钱包）的安装步骤

要想在 OpenSea 上进行交易，下一步要做的是安装获得 MetaMask 等加密货币钱包。安装步骤看似复杂，但只要把握住重点就能顺利完成设定。

在NFT代币的交易中，钱包是不可或缺的存在。接下来，我们试着安装一下具有代表性的钱包——MetaMask吧！该钱包的特点是可以保管基于以太坊发行的ERC-20代币，还支持电脑和智能手机操作，能够顺畅地进行转账等交易。此外，去中心化应用程序和区块链游戏也支持MetaMask直接支付，这些优点都不容忽视。支持使用的终端浏览器为Google Chrome、Firefox、Brave和Microsoft Edge。点击首页的

熟记安装步骤

下载按钮，你就会进入到显示"Install MetaMask for Chrome"的页面。选择Google Chrome，并单击蓝色按钮。页面中显示"是否要添加MetaMask？"，单击"添加拓展功能（Add Extended）"按钮。作为拓展功能导入完成后，点击"开始"进入钱包创建画面。然后，设置用于下次登录和种子短语备份的密码。这样，也可以在其他终端上使用。当钱包创建完成后，会显示0 ETH，也就是余额为零。

　　这里，介绍一下使用Google Chrome浏览器进行安装的步骤。首先，进入MetaMask的官网主页。

99

12 如何将以太币转入 MetaMask？

下载 MetaMask 后，就可以进行加密货币的交易了。首先，试着把以太币转入钱包中吧！转入步骤并不复杂，但是为了避免发送错误和丢失风险，还是需要再三确认。

那么，我们试着将以太币转入MetaMask。从MetaMask账户页面的四个按钮中选择"接收"，并单击。转入时，如果有以太币就可以立刻转账；如果没有，则需要先在交易所购买以太币，然后再转给MetaMask。转账的步骤是，首先，复制MetaMask钱包中显示的地址；其次，将该地址直接粘贴到购买以太币时登记在交易所账户上的地址上（收件人地址）。

以太币转账的注意事项是什么？

最后，输入金额。此时需要注意的是，加密货币转账时需要支付燃气费。确认好转账金额和燃气费后，点击转账按钮。这样，向MetaMask的转账就完成了。不过，区块链是没有管理者的。因此，如果弄错地址发送错误，是无法追回的。所以，一定要养成多次确认发送地址的习惯。比这更严重的丢失风险是忘记密码、登录ID、电子邮件地址、API密钥、验证码、私钥。财产流失给别人固然可怕，但自己不小心忘记重要信息也会损失钱包里的全部财产。

101

13 在 OpenSea 上高效寻找 NFT 的方法

将以太币转入自己的 MetaMask，这样你的钱包里就有钱了。接下来让我们登录 NFT 最大的交易平台 OpenSea，购买商品吧！通过"浏览"和"排序功能"，可以立刻锁定想要购买的商品。

　　Wallet具备通过加密货币进行结算的功能，也就是一个钱包。转入MetaMask的以太币就是用于购买商品的加密货币，只有转入的金额才可以用于交易。首先，需要去OpenSea上注册。进入官网创建账号后，MetaMask就会启动。点击"登录"，MetaMask账户就会与OpenSea关联起来。其次，按照屏幕上的步骤输入姓名和电子邮件地址，收到确认邮件完成最终认证，即完成注册。

在 OpenSea 购买 NFT 的流程

❶OpenSea注册前的准备

● 注册钱包，如MetaMask
● 在加密货币交易所（销售点）购买以太币，然后将其转入MetaMask

❷注册OpenSea

● 访问OpenSea官网
● 使用"创建按钮"创建账户
● 启动MetaMask钱包，需要"登录"时单击登录
● 接入账户
● 登记姓名和电子邮件地址
● 登记的电子邮件地址会收到确认邮件，进行最终认证后即完成注册

　　具体的购买方式也是以网店为准。首先，单击"浏览"标签，屏幕上就会显示当前OpenSea上可购入的NFT列表。其次，在"搜索框"中输入所需的关键字，将显示范围缩小，对游戏和集换式卡牌的名称、艺术类型等进行一定程度的筛选，然后通过排序功能进行更为细致的分类。最后是结算（购买）方式。点击想要购买的项目界面，然后点击蓝色的"立即购买（Buy now）"键，切换到支付界面，再点击"结账"，就会显示项目金额、燃气费和总金额。总金额确认无误后点击"确认"，进行结算，NFT的购买就完成了。

❸ "浏览"NFT

- 单击"浏览"选项
- 界面显示可购买的游戏角色、集换式卡牌、艺术作品的一览表
- 在"搜索框"中输入感兴趣的游戏名称或艺术品名称
- 使用左侧菜单栏可以进一步缩小内容范围

※针对各种搜索条件使用排序功能

❹购买NFT

- 单击决定购买的项目
- 单击蓝色的"立即购买（Buy now）"键
- 切换到结算界面，点击"结账"
- 显示项目金额、燃气费及总金额
- 金额确认无误后点击"确认"
- 购买完成

※需要了解燃气费是浮动的

14 自己在 OpenSea 上出售 NFT 的具体步骤

本节我们试试在 OpenSea 上出售 NFT 吧！如果没有要出售的 NFT，需要先自行制作。只要掌握了格式要求就不难制作。出售方式有三种，请选择适合自己的方式。

在OpenSea上出售NFT时，首先要将光标放在OpenSea网站右上角的红色圆圈上，点击"我的文件（My Profile）"。此时界面上会显示持有的NFT，持有NFT的用户可以直接上传，未持有NFT的用户会显示"没有可以显示的内容（No items to display）"。那么，让我们自己尝试着制作NFT吧！支持的格式也大多是JPG、MP3、MP4、GLB等熟悉的格式，所以制作门槛并不高。

出售NFT的基础知识

首先，进入"我的收藏（My collection）"，并创建一个存储NFT的文件夹。设定logo图片、主页导航图片和吸人眼球的图片，并填写Name（收藏名称）、URL（个人网站主页的网址）、Description（商品的详细介绍）、Links（个人社交网络的账户）。确定Royalties（二次交易时返还的版税）、Block chain（使用的区块链类型）以及Payment tokens（交易使用的加密货币），确定好这些内容就完成了。接下来是原创内容的制作。制作完成后，在文件夹中单击"添加项目（Add item）"，按照要求进行设定。这样，自己的NFT内容就制作完成了。出售方式有"定价出售""英式拍卖"（涨价式）和"荷兰式拍卖"（降价式）三种，请选择适合自己的方式出售。

A：定价出售
　　可以设置价格和出售时间
B：拍卖出售①
　　英式拍卖（涨价式）
C：拍卖出售②
　　荷兰式拍卖（降价式）

人们熟悉的英式拍卖就挺不错的。

那就出售吧！

接下来设置区块链和加密货币的类型及显示，手续完成。

我好紧张啊！

然后设置产品内容并注册项目。

首先是收藏形象，要填写必要的项目。

什么都没有啊……

接下来要创建"Create a collection"。

←logo图片

←吸引眼球的图片

←主页导航图片

Name…收藏名称
URL…个人网站主页的网址。没有也可以
Description…收藏品的详细介绍
Category…项目商品的类别
Links…个人社交网络的账户。没有也可以

15 投资 NFT 相关品类的 加密货币

作为从 NFT 中获益的手段，还有一种方式是投资 NFT 相关品类的加密货币。世界上正在交易的相关币种已经有 150 多种，在日本是否也可以投资这些加密货币呢？

在NFT交易中，作为主要的加密货币普及的是以太币。但是，最近以太币交易中出现了一个大问题，即受以太币升值的影响，燃气费水涨船高。为了解决这一问题，替代以太币的加密货币的开发活跃起来。而且，在特定的NFT平台上使用的加密货币的开发也在增加，海外正在交易的NFT相关加密货币已经超过150种。

人们通常认为，NFT相关的加密货币，市值越高，成交量越大，

在日本能买到哪些NFT相关的加密货币?

① 首先调查NFT相关币种
调查想要投资的加密货币的市值，市值越高说明交易量越大，因此行情相对稳定。市值低意味着需求在减少，价格波动的风险高
② 参考国外的价格预测
国外的加密货币媒体会就专家利用算法预测价格的问题阐述意见

越受欢迎，行情相对更稳定。此外，从海外的加密货币媒体的价格预测中可以窥见专家们的评估，可以作为参考资料。但是，在日本国内使用NFT相关的加密货币时，也会遇到问题。那就是现状问题，即日本国内可以购买的加密货币只有恩金币(ENJ)、苔丝币(XTZ)、PLT币(PLT)三种。当然，NFT相关币种还有很多，如SAND币和CHZ币等。但是，如果要投资和使用这些币种，只能通过一些费时费力的方法。比如开设海外银行账户进行管理，或者将在日本购买的比特币、以太币等汇款到海外交易所，并兑换NFT相关品种的加密货币。

16 在海外交易所开户的风险？

在日本购买NFT相关币种时，只能交易向当局申报过的加密货币。但是，在海外交易所开户后，也可以购买其他币种。不过，需要注意的是这也是有风险的。

有些用户习惯了购买和出售NFT后，就会想要投资优质的NFT相关币种。通过开设国外交易所的账户，用户可以交易那些不支持在日本进行交易的加密货币。那么，为什么是海外呢？因为在日本国内只能交易向当局申报过的加密货币。

具体来说，首先要确认你准备开户的交易所是否支持交易你想要投资的加密货币。如果确认了自己想要投资的加密货币可以在海外的交易

注意交易所的安全性和金融厅的动向

所交易，那么首先要在日本国内的交易所购买比特币或以太币。然后，将其汇至海外交易所的账户上。这样，加密货币就转移到了海外的交易所。最后，只需将其换成可交易的加密货币即可。但是，请一定要注意这其中是伴随着风险的。有些交易所存在安全性上的问题，这些交易所本来就没有在金融厅登记，因此还需要注意其是否违反了日本金融规制的规定。在这些交易所中，有些是许多日本用户正在使用但却已经多次被金融厅警告过的，多加注意一下吧！

需要掌握的 NFT 商业用语③

1. 竞争币

竞争币（Altcoin）是Alternative Coin（替代币）的简称，是指比特币以外的加密货币。竞争币改进了比特币的缺陷，补充了比特币的功能，在市场上大量流通，其流通量还在进一步扩大。另外，也有人诟病竞争币存在着一些问题。例如，与比特币相比流动性差，因此无法在自己合适的时间买卖；也有很多竞争币的市值较低，缺乏可信度和安全性。据说，目前全球范围内的竞争币种类已经超过5000种。典型的竞争币包括以太币、瑞波币、波卡币、莱特币等。

2. 加密货币交易所

加密货币交易所是网络上运营的一种服务，是与其他持有加密货币的用户进行交易的场所。网上交易是在注册账号后进行的，交易场所有交易所和销售点两种。两者的区别在于，在交易所中，买方和卖方交易加密货币；在销售点内，则是由从业者直接与用户进行买卖。交易需要收取手续费，但交易所的手续费往往比销售点的手续费（通常以卖出价与买入价之间的价差的形式呈现）便宜。与交易所不同，销售点内没有不能成交的交易。但是，在交易所内，即使再想买入加密货币，如果没有人想以提出的价格卖出的话也无法成交。

3. 价差

价差是指卖出价格与买入价格的价格差或收益率的差值，也就是差额利润。价差（Spread）原是表示"扩散"和"幅度"之意的英语单词。这种利用价差的经济交易方法就是我们常说的点差交易或套利交易。说得通俗一点，点差交易就是买入较低的投资标的、卖出较高的投资标的，通过这样的交易活动来获得利润的一种方式。

4. ERC-20代币

ERC是Ethereum Request for Comments（以太坊技术提案）的缩写，是为了提高整个社区便利性的通用规格。其代表ERC-20诞生于2015年，随后该代币的发行引发了首次代币发行（ICO）热潮，并由此推动了以太币(ETH)价格的飙升。ERC-20代币出现之前，为了在加密货币交易所等推出服务，需要调整系统以适应该服务。ERC-20代币的出现，使代币得到了统一。ERC-20代币可以进行众筹、为项目投票、支付交易手续费、创建新代币等。据悉，截至2020年12月，约有830个项目和超过35万的代币都是基于ERC-20标准的。

5. API

API是将应用程序与软件连接到通用编程环境的系统，是Application Programming Interface（应用程序编程接口）的缩写。API可通过公开软件与应用程序的一部分将不同的软件连接起来。这意味着不同软件和服务之间可以共享验证和聊天等功能。此外，还可以从一个程序中读取数值数据到另一个程序，并使用其他的程序分析该数据。API的这些兼容性功能具有一大优点，即通过将不同的应用程序连接起来，扩展了每个用户所用设备的功能，提高了其便利性。

6. 基于验证码的二次验证

它是一种使用智能手机及移动电话的短信息服务（SMS）功能进行身份验证的手段。近年来，除了ID和密码外，使用验证码的情况越来越多。短信验证码得以普及的理由如下：由于智能手机和移动电话的持有率提高，使用个人电脑和智能手机在网上办理手续和结算的情况不断增加，相应的账户安全措施愈发必要，而智能手机和移动电话由本人实际持有，因此，作为防止假冒的对策，短信验证码非常有效。

7. 英式拍卖

它是一种买方竞相加价，最终出价最高者购买成功的一种销售方式。英式拍卖(English Auction)有多种类型，主要包括有时间限制的苏格兰拍卖和无法确切知晓拍卖结束时间的蜡烛拍卖。英式拍卖是最常见的拍卖方式，它不局限于NFT交易及网上交易，是一种历史悠久的销售方式。

8. 荷兰式拍卖

它是一种从最高价开始逐渐降低叫价，以竞拍者最初应价的价格成交的拍卖方式。可以这样理解，即在常见的英式拍卖中，买方会不断抬高出价，而荷兰式拍卖则恰恰相反。它最初是在荷兰的鲜花市场上举办的，优点是可以加快交易的速度。鉴于其便捷性，现在有许多市场都在推行荷兰式拍卖。例如，美国财政部在证券市场上发行的短期证券的投标、美国企业公开收购本公司的股票等均采用了这种方式。

04

第四章

规避风险！
了解更多有关 NFT 的
法律和会计知识

NFT

世界上第一条推特

一旦开展NFT商业，你将直面法律和会计方面的问题。本章将学习一些NFT商业中应该注意的法律和会计知识。

01 何谓发行 NFT（即 NFT 化）？

"NFT 化"就是发行某种特有代币，它以某种方式关联到数字内容等。代币本身无法复制、不可增加，因此数字内容具有稀缺性的特质。

作为数字内容的代币，一直存在一个很大的问题，那就是可以复制。因此，人们曾经认为它不适用于具有附加价值的商品交易。但是，通过在区块链上发行特有代币，并用其代表数字内容（NFT化），就产生了具有特定属性、价值和不可替代性的代币。通过数字内容的个性化，每个NFT代币的稀缺性获得认可，一些艺术作品的高额价值得以发现，游戏角色和集换式卡牌也得到推广，由此建立了一个巨大的市场。

用特有代币扩散的可能性

那么，何谓发行NFT呢？就是按照区块链的标准创建代币。另外，发行者向第三方转移该代币（如销售等）也可以称为"发行"。不过，关于NFT持有者和意向购买者的交易，大多数情况下都是由交易平台（平台）作为关联方，全权负责NFT的发行和销售。NFT交易的大致流程如下：首先NFT持有者上传商品到交易平台；意向购买者浏览交易平台，寻找想要购买的商品；为了使NFT持有者和意向购买者的需求匹配后自动达成交易，交易平台预先建立了相应的机制，整个交易将受到其预先制定的使用规范的约束。

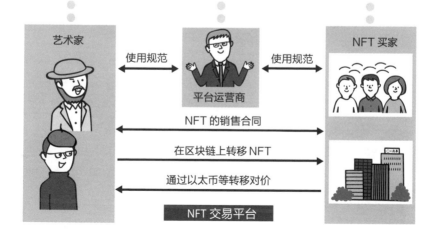

02 易被误解的"艺术品 NFT"和 "NFT 艺术品"的区别

通过 NFT 化，数字艺术品的唯一性得到认可，其附加价值也能在稀缺性中得以发现。但是，其概念的法律解释却是一个问题。本节中，我们把它分为"艺术品 NFT"和"NFT 艺术品"，考察它们的区别与联系。

　　让NFT艺术品交易一举成名的是Beeple先生。以高价拍卖的数字作品不断出现，此后，NFT艺术市场盛况空前。这里的问题是，"NFT艺术品"和"艺术品NFT"。两者也许很容易混淆，这种解释上的差异发展成大问题的也并不少见。一般来讲，流通的"NFT艺术品"是指通过NFT销售的艺术作品，譬如所拥有作品的样本；而"艺术品NFT"则是指作为被转移的代币NFT本身。

让人误解的所有权的"处理"

这两个词的区分使用与"出售的是什么"这一根本问题息息相关。作为艺术家，并没有打算让渡艺术作品本身的所有权，实际交易的东西与其说是艺术作品本身，不如说是与之关联的代币，即NFT（艺术品NFT）。但有些购买者会产生误解，认为他们购买了NFT化的艺术作品本身（NFT艺术品），因此获得了所有权。交易的东西是代币（艺术品NFT），艺术家继续享有所有权的是艺术作品（NFT艺术品），这两者需要区别对待。

03 著作权究竟是什么？

《著作权法》是保护"创造性地表达思想或情感"的作品权利的法律，数字艺术也被认可为受《著作权法》保护的作品。当作者的权利受到侵害时，依法享有请求停止侵权、赔偿损失和刑事处罚的权利。

相信很多人都对著作权有基本的认识。拥有著作权的"作品"包括小说、音乐、绘画、电影等多种形式。但是，在《著作权法》上，这些只是用于说明的实例，事实上只要是创造性的表现，其绝大多数都属于作品。有些人似乎认为互联网上的数据没有著作权，这种想法大错特错。另外，对于侵犯著作权的行为，有请求停止侵权、赔偿损失和刑事处罚等不容小觑的法律制裁，因此必须多加注意。

《著作权法》 是保护艺术家的法律

广义上的著作权包括"著作权"和"著作人身权"。其中，著作权不同于"著作人身权"，可以转让给第三方。此外，作者也可以不转让著作权，而是允许使用人在一定的范围和期限内使用其作品。另外，当作者希望不特定的多数人基于一定的条件使用其作品时，也可以公布并执行被称作"公共许可"的附加条件，如"知识共享许可协议"等。

04 从使用规范看艺术品 NFT 的"处理"

NFT 交易平台的运营商在艺术品著作权持有者和购买者之间进行协调，事先向双方展示"使用规范"并使双方同意。按照"使用规范"进行交易，就不会有解释上的差异吗？

大多数时候，NFT交易会利用一个交易平台。交易平台是NFT交易中不可或缺的存在，从数字内容NFT化到展出、交易结算协调，它全程负责。那么，作为艺术品著作权持有者和购买者的中间人，平台运营商秉持着怎样的法律认识与双方对接呢？展出者和购买者在利用平台时预先同意的规则是"使用规范"。那么，有了"使用规范"，就真的不会出现问题了吗？

不同的平台有不同的"使用规范"

"使用规范"主要是对使用该平台时的各种规则的说明。由于没有关于NFT的明确的法律解释，平台和运营商的想法各不相同，作者权限的提及范围也不同。比如，A认为"持有艺术品NFT并不意味着拥有NFT艺术品的著作权"，B认为"应该按照发行NFT的艺术家单独设定的内容判断著作权归属"，C认为"平台内部应该统一规定NFT艺术品的使用范围"，D认为"仅可告知其为艺术品NFT的持有者"。虽然各平台的"使用规范"各不相同，但基本上都不认为"购买=著作权转让"。要明确NFT持有者享有哪些权利，比起"使用规范"，往往更需要去确认单独的交易条件。

05 持有艺术品 NFT 就等于拥有 NFT 艺术品了吗?

假设你在 NFT 交易平台上支付对价后获得了艺术品 NFT,那么,这究竟算不算"拥有"了 NFT 艺术品呢? 重要的是,要从法律的角度多方面考虑数字艺术的所有权。

很多人从投机的角度考虑,将NFT艺术品视为与造型艺术同样的资产,试图购买和拥有。当然,其中许多人都是通过在交易平台上支付以太币等加密货币来获得NFT艺术品的,也会听到"数字所有权"这样的词。像Beeple先生的作品那样以高价交易成功的商品,作为投机对象来说确实很有吸引力,作为代币持有的话也不占地方。因为鉴于NFT的不可复制性,我们也不必担心因被复制而丧失稀缺性。但是,其资产性质是否具有法律上的依据呢?

请注意: 持有 ≠ 拥有

首先，关于已获得的NFT的"持有"问题，具有可靠的论据。只有知道区块链上钱包对应"私钥"的人，才能将NFT转移给第三方。因此，有人认为通过管理私钥而实际上独占该代币的人才是"所有者"。但是，在日本这里有一个法律上的壁垒。在民法上，包括数字艺术在内的数据不能成为所有权的对象。民法上所有权的对象限于"有体物"，作为"无体物"的数据本就不可能为人所有。既然没有所有权，那么即使该代币被人夺走，自然也就无法基于所有权请求返还。也就是说，即便是支付对价后获得的艺术品NFT，在法律上也很难说是"所有"。

包括数字艺术在内的数据不是"有体物"，而是"无体物"，所以在民法上不能成为所有权的对象

有体物

待售土地

无体物

所有的数据类

也没有返还请求权。

我买了，所以是我的了，对吧？

怎么说呢？看上面。

那我得到的艺术品究竟……

NFT本身可以转卖，所以没问题的。

06 持有艺术品 NFT 就是拥有 NFT 艺术品的著作权吗？

数字艺术原本就没有法律意义上的所有权。那么，艺术家的著作权和艺术作品有着怎样的关联呢？另外，意向购买者是否能够持有数字艺术呢？

现在，与NFT相关的法律尚不完善，相关见解也未能统一。但是，为了进一步发掘其便利性，用户们不断地开拓市场，由此也催生出了新的课题。NFT的著作权问题就是一个典型课题，这是基于现有惯例都未必能够彻底解决的问题。那么，NFT艺术品的著作权是否可以随着艺术品NFT的交易一起转让呢？这在法律上是可能的。如果作者和购买者达成了明确的共识，那么就没有问题了。也就是说，如果当事人之间达成协议的话，是可以转让著作权的。

通过代币能否转让著作权呢？

那么，能否"仅通过NFT代币的交易实现著作权的转让"呢？在《著作权法》上，著作权的转让本身并不局限在特定方式上。而且，即便艺术品NFT的所有者根据另外的合同转让了著作权，也存在NFT没有转移的情况。这样一来，NFT和著作权的所在就不一致了，之后即使接受NFT的转移，也无法接受著作权的转让了。这样看来，"仅通过NFT代币的交易实现著作权的转让"这一做法本身就是有问题的。在这一点上，根据著作权给予NFT持有者一定的使用许可的方法，在实务上是可行的，实际上这样的做法也非常常见。

07 持有艺术品 NFT 的本质是什么?

我们已经了解到,持有艺术品 NFT 并不意味着能够理所应当地获得该艺术品某些相关的权利。那么,应该如何理解持有艺术品 NFT 的本质呢?

在造型艺术的世界里,有一种支持艺术家艺术活动的存在——赞助人。造型艺术(如绘画等)的赞助人通过购买作品为艺术家提供经济支持,但并不会获得该作品的著作权或其他权利。另外,虽然NFT艺术品已公开且任何人可见,但很多情况下其持有者并没有以著作权为代表的一切权利。可以说,这种情况和造型艺术的赞助人类似。在没有所有权这一点上,NFT和造型艺术的赞助人有所不同,但也有其独特的优势。

首先,NFT的持有者以支付购买"对价"的方式为著作权的持有

"赞助人" 有助于提升地位

者，即为艺术家提供了经济支持。另外，假设持有者将NFT艺术品转移给了第三方，当然，第三方会向持有者支付"对价"，每个平台通常都设有相应的机制，以保证作者在这样的二次使用中获益。那么我们就可以理解了，持有者（相当于赞助人）的存在对作者来说非常重要。其次，赞助人可以获得好处。NFT艺术品会在区块链上记录持有者，即使持有者不断更换，其名字记录也不会消失。而且，你也可以把所有在那里留下姓名的人都看作是作者的赞助人。造型艺术中没有这样的现象，这一特征源自记录交易历史的区块链。

数字艺术品和NFT （已经公开的）	造型艺术及其所有者 （公开展示的）
任何人都可以访问欣赏	任何人都可以访问欣赏
NFT持有者≠著作权持有者	所有者≠著作权持有者
持有者可出售、转让NFT	所有者可以出售作品、 转移所有者

08 NFT 和金融规制的关系是怎样的？

除了 NFT 之外，在区块链上交易的代币还有数不胜数的功能、种类以及由该代币所代表的权利。其中一些代币会被纳入《资金结算法》等金融规制的范围。

NFT的每个代币都具有其自身的特有价值，且具备不同的功能。赋予数字内容以唯一性，提高了其经济上的附加价值。另外，在区块链上发行的比特币等属于"加密货币"，受到《资金结算法》的规制。那么，NFT在法律上是如何处理的呢？

不只NFT代币，在区块链上发行的代币所具备的功能以及该代币所代表的权利数不胜数。那么，哪些法律适用于这些代币呢？

何谓NFT代币的金融规制

哎！NFT和代币也是金融规制的对象吗？

那是当然！它们受到《资金结算法》，还有《金融商品交易法》的规制……

有无利润分配 —— YES
↓ NO
有偿发行 —— NO
↓ YES
货币性资产 —— YES
↓ NO
能否在不特定人群间使用及买卖 —— YES

如果代币具备作为结算工具的经济功能，且能在区块链等上向不特定多数人转移的话，那么它作为加密货币就会受到《资金结算法》的规制！如果代币代表与股票、公司债券和基金份额等有关的权利的话，则很有可能会被视为有价证券，并受到《金融商品交易法》（《金商法》）的规制。如果与NFT相关，则需要分别进行验证，如下面的流程图所示。

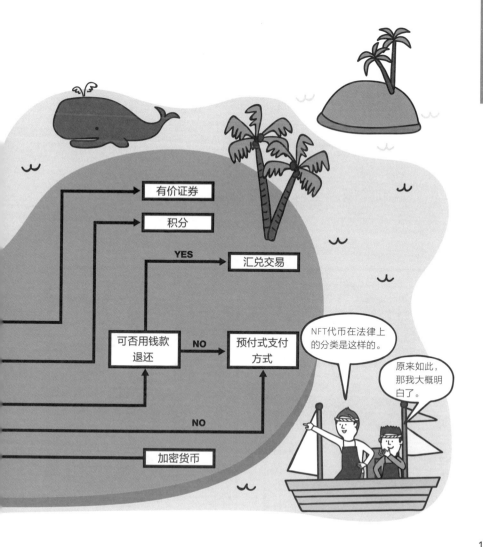

09 NFT 属于加密货币吗?

NFT 属于《资金结算法》定义的加密货币吗?加密货币主要有 3 个必要条件,但这里重要的是 NFT 是否具备结算等经济功能。

日本《资金结算法》对加密货币的定义如下:①作为清偿对方提供货物或服务报酬的手段,可面向不特定人群使用,并在不特定人群间购买或转卖;②具有以电子方式记录的财产价值,可通过电子信息处理系统进行转让;③不属于本国货币、外国货币及货币性资产。同时满足①~③项条件即为1号加密货币;满足②和③,可在不特定人群间与1号加密货币进行互换的为2号加密货币。NFT是否满足这些条件呢?

关键是有无结算功能

例如，以太币属于1号加密货币，它和NFT一样，是在区块链上发行的代币。虽然NFT似乎不能满足条件①，但它却可以和以太币等1号加密货币在不特定人群间互换。乍一看，它似乎符合2号加密货币的要求。然而，日本金融厅的"事务指南"中指出，记录在区块链上的集换式卡牌和游戏中的道具等都不属于2号加密货币，理由是它们不具备结算等经济功能。这表明，通常所说的NFT不属于加密货币。

10 NFT 是"预付式支付方式"吗？

预付式支付方式要满足 3 个条件：价值存储、等价发行、行使权利。
而且，其机制与加密货币不同，仅供特定的人使用。那么，NFT 属于
预付式支付方式吗？

　　预付式支付方式的条件是什么呢？《资金结算法》的规定如下：
①记载或记录金额等财产价值（价值存储）；②获得与金额或数量等相
对应的对价而发行的凭证，包括编号、记号及其他符号（等价发行）；
③可用于支付发行者或发行者指定人的报酬（行使权利）。满足条件
①~③的即为预付式支付方式。预付式支付方式的一个特点是，仅供发
行者（加盟店）使用，而加密货币可与不特定的多数人进行交易。

细查符合条件的

预付式支付方式分为"自用型预付式支付方式"和"第三方型预付式支付方式"。自用型仅限于支付发行者提供的商品及服务，并不负责加盟店和用户之间的结算。在第三方型中，发行者会作为结算的中介，向提供商品、服务的加盟店支付用户预支付的对价。另外，如日本银行券、邮票、印花税票、凭证等，根据法律规定具有价值效力的物品；高尔夫和网球等会员资格、赠品券等，以确认身份为目的、与财产价值无关的物品等，都不属于预付式支付方式。NFT一般不具备作为支付工具的经济功能，据此，我们认为它不属于预付式支付方式。

11 NFT 会成为汇兑交易吗?

取得银行业营业执照或登记为资金转移业者的机构可办理汇兑业务,且需要遵循各种规定。那么,是否可以说允许 NFT 具备汇兑交易的功能呢?

汇兑交易是这样的交易方式,即:顾客发来请求,希望利用异地之间不直接输送资金的资金转移机制来转移资金,被委托方接受并执行其请求。为了执行顾客的请求,根据处理金额的不同,或者需要银行业营业执照,或者需要资金转移业登记。而且,资金转移业务可以分为:第一类资金转移业务(处理金额在100万日元以上)、第二类资金转移业务(处理金额在100万日元以下)、第三类资金转移业务(处理金额在5万日元以下),从事资金转移业务必须去主管部门登记。

汇兑交易的规制很复杂

对资金转移业者，也有详细的规定。"滞留规定"是指（资金转移业者）不能持有用户交付资金中不用于汇兑交易的部分，这些必须返还给用户。此外，为保障用户的财产安全，必须通过"寄存""执行保证金保全合同""信托合同"等方式确保资金安全。特别是第三类资金转移业务，必须遵守严格的规定，如必须向主管部门提交业务实施计划并获得批准等。利用NFT的交易一般不属于汇兑交易，但部分服务可能会纳入汇兑交易的规制范围。如NFT和法定货币的兑换极其容易，可将NFT作为实际上的汇款工具来使用。

12 作为服务"赠品"的 NFT

现在，积分卡已经成为消费者不可或缺的存在。那么，NFT 交易是否也能累计积分呢？另外，怎样才不会违反金融规制呢？

　　各信用卡公司、加盟店、自治体等发行的积分卡的积分，现在已经作为比照现金的附加价值在消费者中固定下来。可以说，一般意义上的积分是指购买商品或者接受服务时被无偿给予，在下次购物时可充当一部分价款的东西。其形式也是多种多样的，包括根据商品或服务金额给予一定比例的积分，以及根据来店和使用次数给予一定数目的积分等。而且，原则上也没有设定法律限制。

注意积分性质

那么，如果NFT也能累计积分会如何呢？一般来说，金融规制不适用于作为积分发行的代币。不过，也有几个注意事项。发放积分换取商品券和预付卡等时，积分也可能符合预付式支付方式的条件。另外，作为积分获得的代币可与加密货币互换时，积分或许就会符合加密货币的条件。此外，在以增加新用户和活跃用户为目的的促销活动中，游戏运营商无偿提供角色和道具等时，这些会被视为《赠品表示法》的对象，而非积分。

注意事项 1

发放积分换取商品券和预付卡等时，积分相当于预付式支付方式

注意事项 2

作为积分发行的代币可与比特币等互换时，积分可能就相当于"加密货币"

注意事项 3

作为促销活动的一环，无偿提供给用户的情况下，考虑适用《赠品表示法》

这样，基本就没问题了。但是，要注意上面的①～③。

原来如此。

何谓积分？

是购买商品或服务时无偿提供的，基本上不会被纳入金融规制的范围

13 NFT 和有价证券的关系

随着有价证券的发行从纸质证券转向数字证券,《金融商品交易法》被修订,它被划分为多个类别。电子记录转移权等新概念与 NFT 的关系将会发生怎样的变化呢?

据说,通过区块链处理数字有价证券有以下优点:①无须管理人员,可全年全天候交易,提高了流通性;②利用智能合约,实现了从证券发行到偿还的自动化管理,降低了管理成本;③利用区块链建成二手市场,实现了金融商品的多样化。同时,《金商法》也在2019年的修订法案中新引入了"电子记录转移权"和"电子记录转移有价证券表示权"等概念,对在区块链上发行的代币所表示的部分数字证券做出了额外规定。

数字证券的特点是什么?

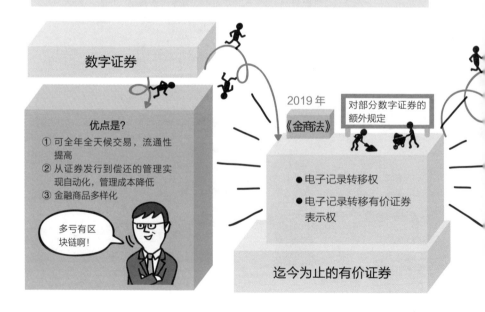

所有在区块链上以代币形式发行的有价证券都具有电子记录转移有价证券表示权等。对于此类数字证券，具有要求发行者披露一定信息的规制（开示规制），以及针对经营业者的各种规制（注册规制和行为规制），比普通的有价证券更为严格，需要谨慎对待。目前，将NFT用于集换式卡牌和游戏角色的情况占绝大多数，所以几乎没有符合数字证券的事例。但是，若是将来在虚拟空间上展开的房地产等NFT交易活跃的话，其是否属于数字证券可能就会成为问题。

数字证券

请谨慎对待！

强化规制

开示规制
要求发行者披露一定信息的规制

注册规制、行为规制
针对经营业者的各种规制

和 NFT 的关联

● 目前大多表示数字集换式卡牌和游戏角色等数字内容，表示有价证券的相关情况较少

● 未来，随着数字内容上的房地产交易等的活跃，NFT相当于有价证券的情况有可能增加

14 区块链游戏中特别容易产生的问题——赌博罪

说起赌博，人们很容易想到赌场的纸牌游戏、骰子赌博、麻将赌博。事实上，通过数字手段开展的赌博活动也在蔓延。对于区块链游戏来说，构成赌博罪的法律界限何在？

很多人都知道赌博是违法的。那么，赌博罪的构成要素有哪些呢？根据对日本《刑法》中赌博案例的整理，要素有：①2人以上，②通过偶然的输赢，③争夺财物或财产利益，④得失的行为，⑤不止是为了一时娱乐而下赌注的行为。在日本国内进行的赌博行为会构成赌博罪，在海外进行的赌博行为则不予追究。另外，日本居民利用海外据点的在线赌场服务进行网络赌博的情况也适用于该法规。

认清违法的界限

140

那么，与NFT有关的赌博罪的界限在哪里呢？法律上的界定大致为：①如果在所有意义上都不能理解为竞争对手，则不属于；②不具备偶然性的相对买卖或拍卖形式等不属于；③其财产上的利用价值也适用于无形的游戏等；④如果能够合理地说明消费者没有财产损失，则不属于；⑤如果不是相当小额的话，则属于。因此，一般的NFT交易和拍卖形式等不构成赌博罪。另外，如果以有偿扭蛋的形式发售作为NFT发行并可交易的数字集换式卡牌，则会产生有意的价值差异，有可能会被视为赌博。另外，赌博罪成立于用户消费金钱和加密货币的阶段。这与胜负无关，所以要小心。

15 销售时要注意《赠品表示法》

通过对商品或服务的不正当表示及过高赠品的限制，保护消费者的利益及自由选择商品的机会的法律是《赠品表示法》。在 NFT 开展赠品交易时需要注意什么呢？

　　《赠品表示法》是为了保护消费者的利益，不妨碍其合理选择商品的法律。其中，一个规制对象是"不当表示规制"。这是对"导致一般消费者误解商品、服务内容及交易条件比实际内容明显优良或有利"的表示的规制。就NFT交易而言，在销售NFT艺术品时，诸如"艺术品的所有权也能随之转移"之类的表示、误导消费者认为"存在实际不发生的二次使用权"之类的表示等可能会受到该规定的监管，因此在展出商品时需要多加注意。

销售NFT时， 请注意 "表示" 和 "提供方式"

　　另一个是"过高赠品规制"。规制对象"赠品类"的构成要素是：①作为吸引客户的手段；②经营者；③自身提供商品或劳务的交易时；④随之；⑤提供的物品、金钱及其他经济上的利益。规制内容的核心是，将提供赠品类的金额限制在一定范围内。任何人均可获得的赠品类叫"总付赠品"，基于偶然性和比拼优劣而获得的赠品类叫"悬赏"，它们的金额限制有所不同。违反者将被下达"行政处罚""处理命令"等，如不服从将被处以3亿日元以下的罚款。此外，所谓的CompGacha（从随机抽取的事物中集齐特定组合时给予赠品的方式）已被禁止。

提供适当的赠品
为了增进客户对自家商品、服务的认识，以不特定多数人为对象的"公开悬赏"是合法的

以拓展用户为目的
如果是"招揽客户的手段"，则属于灰色地带

区块链游戏的奖励
如果登录报酬是免费给予的，则不触犯《赠品表示法》

CompGacha
已全面禁止以此种方式提供赠品

从法律法规上看，哪个是对的，哪个是错的呢？

如果违反呢？
监管机构将会下达"行政处罚"和"处理命令"

射击

赠品处

我要好好瞄准，一击即中。

16 销售时 NFT 代币发行者应该如何进行会计处理（收益）？

在 NFT 代币的会计处理中，收益确认会计准则和收益确认应用指南非常重要。那么，对于与客户订立的合同产生的收益，应该按照什么样的步骤进行会计处理呢？

收益确认会计准则和收益确认应用指南适用于与客户间产生的收益的会计处理。当NFT是"企业正常经营活动产出的物品或服务"时，可根据收益确认会计准则，通过五个步骤来确认收入。

①是"识别与客户订立的合同"。要从以下几个方面识别合同：当事人是否认可合同并承诺履行其义务；能否识别各当事人关于所转移物品和服务的权利与支付条件；合同是否具有经济上的实质；收回对价的可能性是否足够高等。②是"识别合同中的履约义务"。这是指与客

按照正确的步骤进行会计处理

NFT代币的销售收益，应该如何进行会计处理？

普通的会计处理不行吗？

认认真真按步骤做的话就没问题哦！

识别与客户订立的合同

• 当事人是否以书面、口头等形式认可该合同并承诺履行义务
• 能否识别各当事人关于所转移物品和服务的权利
• 能否识别各当事人关于所转移物品和服务的支付条件
• 合同是否具有经济上的实质
• 向客户转让物品或服务交换得来的对价，其收回的可能性是否足够高

我们首先来讨论一下这5个问题吧！

户订立合同后，将对客户的每一项承诺识别为履约义务。如果在交割代币后仍有向持有者提供保证的物品或服务的义务，那么该履约义务也需识别。③是"推算交易价格"。这是企业通过发售代币预计会收取的对价金额，要考虑契约条件和交易惯例。④是"将交易价格分摊至履约义务"。将③中推算的交易价格分摊至②中识别的履约义务，仅需在已识别有多项履约义务时进行。⑤是"在完成履约义务时或随着履约义务的履行确认收入"。明确履约义务是在某一时点完成的，还是在某一时段内完成的。若为后者，则需估计履行义务的进度，并根据该进度依次确认收入。

识别合同中的履约义务

- 与客户订立合同后，将对客户的每一项承诺识别为履约义务
- 如果在交割代币后仍有向持有者保证的义务，则该履约义务也需识别

> 是对个别合同的应对吧？

> 这和一般的客户服务一样吗？

推算交易价格

- 推算企业通过销售代币预计会收取的对价金额
- 推算对价时，需要考虑契约条件、交易惯例等

> 就是量化企业将获得的对价吧？

> 非现金交易以市价为准。

将交易价格分摊至履约义务

- 将③中推算出的交易价格分摊至②中识别的履约义务
- 上述操作仅在识别多项履约义务时需要

> 在这里合同也很重要啊！

> 如果合同中只有单项履约义务，则不需要执行该步骤。

在完成履约义务时或随着履约义务的履行确认收入

- 明确履约义务是在某一时点完成的，还是在某一时段内完成的
- 在后一种情况下，需要估计履行义务的进度，并根据该进度依次确认收入

> 我明白会计处理的流程了。

> 一般来说，基本都是"某一时点完成"。

17 制作 NFT 代币时会计处理的要点是什么？

在制作 NFT 代币的会计处理中，需要判断制作代币相关的活动和支出所产生的费用是用于研发还是软件开发，进而考虑是否属于内容制作。

在NFT代币的制作中，需要参照现有的会计准则和类似业务的实践做法，先确定所产生费用的类别，即是研发费、软件开发费还是内容制作费，再进行会计处理。由于目的各不相同，必须正确认清公司自己的代币。另外，也要考虑到如下情况：如软件开发费的一部分被视为研发费时、软件开发费和内容制作费不可分割时等。研发费是与以下活动相关的费用：为寻找开发前所未有的产品和服务的灵感，开展调查和探索，并基于调查和探索制造产品、开发服务等；提出与过往商品相比产

确定会计准则的类别

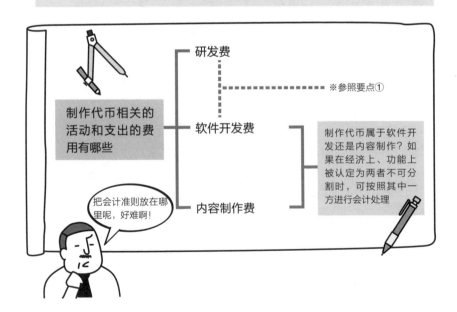

制作代币相关的活动和支出的费用有哪些

研发费

※参照要点①

软件开发费

内容制作费

制作代币属于软件开发还是内容制作？如果在经济上、功能上被认定为两者不可分割时，可按照其中一方进行会计处理

把会计准则放在哪里呢，好难啊！

生显著差异的具体制造方法；设计、制作、试验试制品，以取得的专利为基础制造可销售产品的技术性活动等。

软件开发费因开发目的是自用还是销售而有所不同，不过代币开发大多是基于销售目的的，可称为订货制作的代币，要根据承包工程的会计处理基准，按照业务惯例等进行基于各合同的"成本处理"。另外，如果是在市场上出售的代币，则需要分为开发和制造两部分来计入费用。至于内容制作费，虽然没有明确的会计准则，但可以作为资产计入存货资产和无形资产中。在费用方面，估计未来可能获得的收入，按实际收入进行清偿，如果期末收入低于支出，则计入"存货跌价损失"。

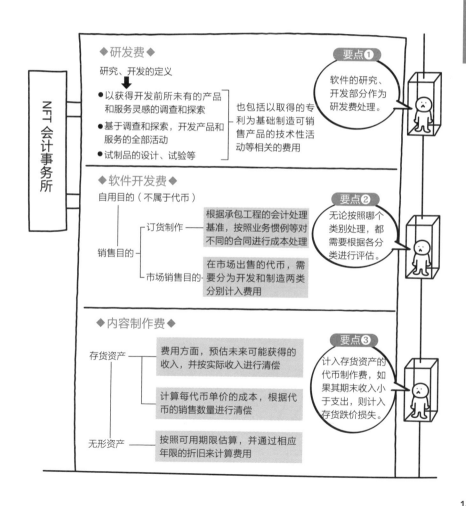

18 NFT 代币取得者应该如何进行会计处理？

对从制作者、出售者那里获取的 NFT 代币进行会计处理时，需要注意哪些方面呢？我们多是将其分为存货资产和无形资产来考察，但需要根据伴随而来的各种权利关系进行相应的处理。

NFT代币取得者的会计处理需要在区分存货资产和无形资产，以及持有代币的权利和持有目的的基础上，进行严格分类。

存货资产包括：商品、产成品、半成品、原材料和在产品等资产；企业为实现营业目的持有或以备出售的资产；在销售活动和一般管理活动中短期耗用的办公用消耗品等。因此，如果以销售为目的购买代币，会计处理时会将其作为存货资产。

根据拥有的权利进行会计处理

取得者（根据持有代币的权利和持有目的进行区分）

存货资产

- 商品、产成品、半成品、原材料、在产品等资产
- 企业为实现营业目的持有或以备出售的资产
- 在销售活动和一般管理活动中短期耗用的办公用消耗品等

人们普遍认为，与一般业务相比，存货资产的体力活更多。

根据不同的分类，进行费用和资产评估。

　　无形资产须将专利权、商标权、实用新型权、外观设计权、软件、其他不属于流动资产或投资资产的无形资产（版权、著作权、电影公司原版权等）等计入在内。在通过代币持有的权利中，专利权等可能有点难以想象，但拥有与作品和软件相关的某种使用权是可以考虑的。需要在仔细调查会计上如何认识这些权利的基础上，将其作为资产处理。无论是存货资产还是无形资产，均需根据资产类别进行费用化和资产评估。

无形资产

19 与 NFT 交易有关的税务处理是怎样的呢？

在 NFT 代币的税务处理上，个人所得税、法人税、消费税各有不同。而且，在持有和交易的境况下，还要根据各自的性质不同进行细分。本节将考察交易中的课税问题。

对于NFT代币的持有和交易，适用的税种会因交易内容及交易时间的不同而有所差别。以区块链游戏中的道具构成的NFT为例，考察一下交易中的一般课税吧！

第一，个人所得税。通过NFT交易产生了销售利润，它将被视为转让所得，被征收所得税。相反，如果以低于入手价的价格转让，且为个人间的交易时，则有可能会被视为赠予，在购买者一方产生赠予税。此外，在与法人进行交易时，差额部分作为收入（来自工作单位的是工资

让我们来了解一下自己代币交易的税项吧

①个人所得税

●取得时
（价格接近特价时会出现纳税问题）

| 个人A | ➡ | 个人B |

个人A向个人B转让代币时，有可能收取"赠予税"

| 法人X | ➡ | 个人C |

如果个人C是法人X的员工等，市价和购买价格间的差额会被视为工资所得；如果法人X与个人C没有关系时，则被视为一次性所得。无论何种情况都有可能会被征收所得税、个人住民税

●销售时
（产生销售利润时会出现纳税问题）
转让所得会被征收所得税

所得，来自无关对象的是一次性所得），有可能会被征收所得税和个人住民税。第二，法人税。法人（包括个体工商户）购买NFT时，则将购买时支付的金额视为取得资产的价格。当时如果以低于交易时的市价获得，购买时的市价与购买价格之间的差额将作为受赠收益，计入法人税的应纳税所得额收益中。此外，在计算应纳税所得额时，销售时的转让收益或转让损失应计入收益或损失中。第三，消费税。个人通常不涉及该税，如果个体工商户业主和法人在日本国内出售NFT时，原则上其转让对价需要缴纳消费税。不过，基准期内应税销售额在1000万日元以下的将成为免税企业，不需要承担申报和纳税的义务。

②法人税

● 交易时

法人 X ⟶ 法人 Y

将法人X购买时支付的金额视为取得资产的价格

交易价格低于市价时，差额部分作为受赠收益计入纳税所得额中

● 销售时

在计算应纳税所得额时，销售时的转让收益或转让损失应计入收益或损失中

如果法人在一个营业年度末持有NFT，在某些情况下应将市价评估的损益计入应纳税所得额。

③消费税

● 课税关系

个体工商户业主和法人在日本国内转让NFT时，其转让对价需要缴纳消费税。个人通常不属于其对象

● 纳税义务

基准期内应税销售额超过1000万日元的法人或个体工商户，必须在规定的申报期限内向税务局提交申报书并缴纳税款

我没有考虑到消费税……

我们不用缴纳这个税。

销售时也很复杂吧？

不清楚的地方就问一下税务局吧！

需要掌握的 NFT 商业用语④

1. 著作人身权

著作人身权是指保护作者名誉和对作品付出的心血的权利，是一种有别于具有财产权性质的著作权的权利。著作人身权包括以下4项：作者判断是否允许作品公之于众，并决定其时间和地点的发表权；作品作者是否署真名等的署名权；保持作品完整性的权利，以确保作品不被擅自修改；禁止以损害名誉、声望的方式使用作品的权利，以确保作品不被用于损害作者的名誉。与著作权不同，著作人身权不可转让。另外，通常个人作为作者拥有著作人身权，但如果满足职务作品的要求，例如在公司业务中创作的作品等，公司即为作者本身，拥有著作人身权。

2. 使用许可（许可证）

使用许可是指作者给予他人对某内容的使用权。有关书籍、绘画、视频作品等的使用许可广为人知。在IT行业，使用许可也可作为表示"著作权持有者——制造商允许用户使用软件"之意的用语。许可证的内容通常由软件制造商向用户提供并寻求其同意的条款决定，通过协议达成的使用许可协议有时被称为EULA（End User License Agreement）。需要注意的是，被许可方并非著作权持有者，因此不能主张著作权。

3. 使用规范

使用规范是记载使用时的条件、规则和承诺的文件。它是在服务提供商等与众多用户之间通用的规则，用户同意此规则后，服务提供商和用户之间会就规范中规定的内容达成协议。与经营者相比，个人用户并不熟悉合同、所提供的服务和商品，因此，消费者合同法对合同内容施加了一定的限制，如将对一方极为有利的规定视为无效等。而网站等可能有不特定多数的用户访问，有时会根据使用服务的用户类别提出多个使用规范。此外，从处理个人信息的角度来看，隐私性政策往往会另外出示，同一政策多数情况下也会征得用户的同意。

4. 《资金结算法》

《资金结算法》是《与资金结算有关的法律》的简称，是以预付式支付方式、加密货币、资金转移等各种资金结算方式为对象的法律。2017年4月，在世界范围内，日本率先引入了与虚拟货币交换业有关的法规，此后它被视为区块链领域金融规制相关法律中最重要的法律之一。根据2019年的修订，2020年5月后"虚拟货币"的名称变更为"加密货币"，并沿用至今。

5. 预付式支付方式

它是一种预先支付货款，在购物时消费的支付方式。商品券和预付卡是预付式支付方式的典型代表。预付式支付方式包括3种：商品券等礼品目录券；磁性或IC芯片预付卡；可在网上使用的预付卡。预付式支付方式包括只能用于支付发行者提供的商品和服务货款的"自用型预付式支付方式"，以及也能对其他加盟店使用的"第三方型预付式支付方式"，后者必须事先注册才能发行。此外，针对预付式支付方式还有多项规定。其中格外重要的一点是：必须确保将每年2次基准日时未使用的余额总额的一半存入法务局。

6. CompGacha

在网络游戏中，消费一定的游戏货币获得随机生成的游戏道具等的机制被称作"扭蛋"（该名称来源于玩具店可购买随机玩具的"扭蛋机"），该机制曾风靡一时。随着扭蛋的发展，各种类型的扭蛋问世。其中，曾备受瞩目的是"Complete Gacha"（CompGacha）。这是一种机制，人们通过扭蛋获得各种道具（如A~Z 26种），如果从中获得了所有特定的道具组合（如ABCDE），作为福利就可以获得其他道具。为了获得福利，必须多次转动扭蛋，集齐所有的特定组合。2011年前后，在日本，社交网络上提供的"社交游戏"成为网络游戏的中心。此后，安装了CompGacha的社交游戏大受欢迎，不断有用户花费大量金钱来获得Complete福利。2012年5月左右，有报纸等报道了CompGacha涉嫌违反《赠品表示法》，再加上当时社交网络的运营商获得了巨大利益，CompGacha一下子引起了社会关注。具体来说，报道指出CompGacha是否属于《赠品表示法》中规定的"卡片组合"。结果，消费者厅发布声明正面承认其属于"卡片组合"。因此，因CompGacha迅速扩大规模的社交游戏行业不得不在整个行业内采取应对措施。

第五章

音乐、时装、体育……
NFT 商业的广泛应用与活用

NFT有望应用于各个领域。本章将介绍一些企业和个人实例，其中发现了NFT商业的潜力并采取了独特的措施。

01 事例1：NFT × 元宇宙①
——何谓元宇宙

元宇宙是指建立在互联网上的虚拟空间。世界各地的用户都可以连接，并在虚拟世界中玩耍、工作或进行与现实世界相同的经济活动。

元宇宙是科幻小说家尼尔·斯蒂芬森提出的概念，是由"Meta（高级的）"和"Universe（世界）"组合而成的新词。具体来说，是指"在互联网上构建的三维虚拟空间中使用虚拟分身等连接而成的环境"。此前也有一些面向元宇宙的服务问世，不过直到2019年Facebook Horizon（现更名为Horizon Worlds）的发布才让很多人意识到了其存在。

如今，表现为元宇宙的服务大致分为两类，一类是"完全的虚拟世界"的服务，如Horizon Worlds；另一类是"内含现实空间型"服

许多用户和企业连接并活动的虚拟空间

Meta（高级的）+Universe（世界）= 元宇宙（完全的虚拟世界）

务，如《口袋妖怪GO》（也译为《精灵宝可梦》）。

所谓"完全的虚拟世界"，通过电影《头号玩家1》中描绘的虚拟世界是不是很容易理解呢？"内含现实空间型"的一大特点是，现实世界也作为虚拟空间的一部分，以虚拟与现实共存的空间为舞台。此外，投资家马修·鲍尔提出了元宇宙需要具备的7个必要条件：①永续性；②同时性；③无限量用户可同时连接；④完整运作的经济；⑤与现实社会无隔阂；⑥互操作性；⑦广泛人群的贡献。我们认为，元宇宙今后也将以此为基本框架发展下去。

元宇宙的七大条件

①永续性
不被重启，永久持续。

②同时性
大家都实时体验同样的活动。

③无限量用户可同时连接
很多人访问并构建社群。

④完整运作的经济
可以在虚拟空间里工作和赚钱。

⑥互操作性
从任何终端都能获得相同的体验！

⑤与现实社会无隔阂
也能享受连接到现实世界的活动！

⑦广泛人群的贡献
各种各样的人和企业提供着大量的内容！

虚拟空间内容

内容

02 事例 1：NFT × 元宇宙②——NFT 带来的开放式元宇宙

开放式元宇宙是指可以跨越各种虚拟空间、社交网络软件、电子商务网站，进行数字数据交互的空间。而在开放式元宇宙中，保证每一个数字数据价值的就是 NFT。

　　说到此前的元宇宙，都是只在一个游戏标题中完成的，我们称之为封闭式元宇宙。在游戏中会获得各种各样的道具，但是不管是收费的还是免费的，其价值只在游戏内部成立。这是因为每个游戏都是在自己的程序上构建虚拟空间的，没有与外界进行数字数据交互的通用性。但是，随着开放式元宇宙概念的出现，这一前提正在发生重大变化。

　　开放式元宇宙是一种空间或概念，它使虚拟空间中的数字数据具有广泛的通用性，可以将角色、道具及促销礼品等带到外部其他空间，以

封闭式元宇宙和开放式元宇宙的区别

稀有道具　收费道具　游戏空间　稀有道具　稀有道具

封闭式元宇宙

在一个虚拟空间内免费获得的和付费购买的道具，只能在该空间、该APP内使用

收费道具

实现相互交流。

　　例如，在游戏空间中获得的道具或许可以带到其他游戏和服务内使用，或在社交网络上和其他用户交易，或在电子商务网站上买卖。此外，也许还能开发新的道具，带到虚拟空间中使用。如果试图在不依赖于特定服务提供商的情况下实现这种交易，还需要具备一种不同于封闭式元宇宙，即中央系统管理所有道具，并确保其游戏内价值的机制。这种机制在没有中央管理者的情况下，也可以记录和证明数字数据存在和交易的真实性。实现这一目标的正是区块链技术，也就是NFT技术。该技术利用它的记录台账，来证明某数字数据在全世界是独一无二的存在。

开放式元宇宙

在不同的虚拟空间和APP中获取、购买的道具也可以在其他地方使用

游戏空间

获得道具

玩游戏

购买道具

电子商务网站

购买道具

虚拟空间

社交网络

交易道具
开发道具
买卖道具

03 事例1：NFT × 元宇宙③
——Cryptovoxels

与现实世界一样，在虚拟空间中也可以利用"土地"="空间"来开展经济活动。土地所有者会主导开发，加之还有一些用户协助开发获得对价或者参加活动，由此虚拟空间的经济才得以运转。

元宇宙是可以开展与现实世界相同的社会生活的虚拟空间。因此，用户必须首先确保拥有一块自己可以活动的空间（土地）。具体来说，就是在虚拟空间内购买NFT化的土地，或者从土地所有者那里租赁。然后，开发该土地并建造建筑物，将其作为经济活动的基础。个人制造道具等的工作室及工厂，企业的办公室、活动空间及店铺等就是可以活动的空间（土地）。当然，只要具备招揽顾客的能力，个人也可以进行

通过拥有、 利用土地来激活元宇宙

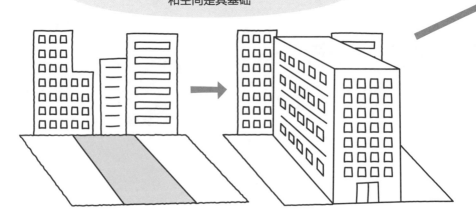

拥有土地，根据目的设计建筑物
和空间是其基础

与企业同等级别的开发，举办同等级别的活动。

以Cryptovoxels推出的元宇宙为例，用户可以自由开发其土地，并在那里装饰自己的NFT艺术品、道具等。当然，多个用户也可以聚集在一起举办展示活动。展示空间内汇集了只有访问该空间才能看到的NFT艺术品，它能够让人感受到与参观现实世界美术馆完全相同的体验。虚拟空间的开发不需要一个人进行，可以委托擅长建筑及设计的用户，也可以购买已经设计好的建筑项目。然后，这些道具可以逐个作为NFT流通，从而虚拟空间的经济得以运行。

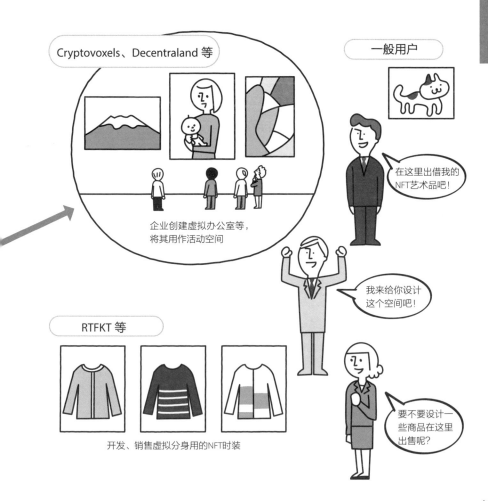

161

04 事例1：NFT × 元宇宙④ ——收藏品NFT

收藏品 NFT 以相同格式绘制、且没有一个相同的图案。通过拥有该 NFT，可以获得各种福利，进而激活社群，提高 NFT 本身的资产价值。

　　收藏品NFT是指所有以收集为主要目的的NFT，比如所谓的集换式卡牌。其典型代表是在同一格式上以数以千万计的不同图案绘制的一组作品，其中每一个都会作为NFT出售，购买者可以将其用作自己的个人头像和图标等，也可以买卖。著名的例子有CryptoPunks（加密朋克）、Hashmasks、Bored Ape Yacht Club等系列作品。

　　收藏品NFT不仅可以用作图标等，有时候还可以代表一种会员资

收藏品NFT会产生组织归属感

何谓收藏品 NFT？

卖方准备了格式相同、图案不同的1万种左右的NFT，买方可以购买并将其作为自己专用

格，例如一些只有购买收藏品NFT的人才能参加的活动等。

而且，即便不明确表示具有这种会员功能，人们似乎也倾向于认为它是一种不太紧密的连带感的证据，以表示对NFT和Web3.0等领域的支持。此外，以偶像或体育等特定的切入点发行、面向粉丝的NFT也越来越多。其中，多数情况下都明确规定了持有NFT时可获得的具体福利。

如上所述，收藏品NFT可以加深相同格式NFT持有者之间的连带感和归属感，通过激活社群活动，进一步提高该社群及NFT的资产价值。

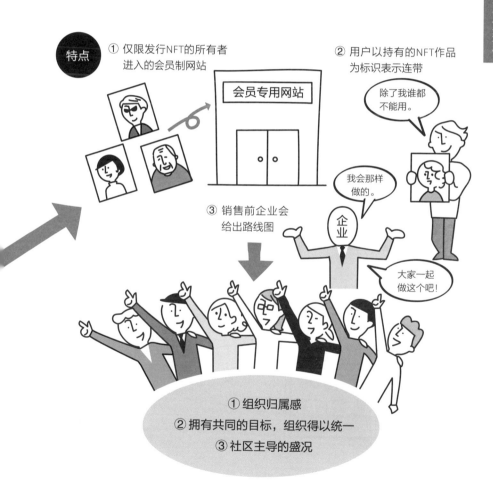

特点

① 仅限发行NFT的所有者进入的会员制网站

会员专用网站

② 用户以持有的NFT作品为标识表示连带

除了我谁都不能用。

③ 销售前企业会给出路线图

我会那样做的。

企业

大家一起做这个吧！

① 组织归属感
② 拥有共同的目标，组织得以统一
③ 社区主导的盛况

05 事例2: NFT × 体育①
——为全世界的粉丝团提供新价值

NFT 的浪潮也涌向了一直以提供各种周边产品来取悦粉丝的职业体育世界。那么,体育行业是如何利用 NFT 的呢?

过去,一说到职业体育队为粉丝提供的福利品,就会想到运动员的集换式卡牌、记录比赛内容的视频软件、书籍以及运动员队服的复制品和鞋子等。粉丝们购买这些产品,有时还会穿着它们坐在观众席上或电视机前声嘶力竭地为运动员加油。其中,也有一些小批量生产、难以获得的稀有物品。它们被高价交易时,全然不会在市场上流通,而是被热心的收藏家保管着。一张包含运动员所着队服碎片的集换式卡牌可能价值数百万日元。

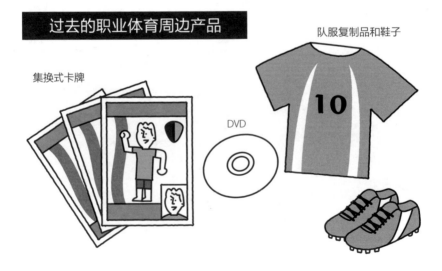

利用NFT的新型粉丝服务

过去的职业体育周边产品

集换式卡牌

DVD

队服复制品和鞋子

10

NFT正在被引入到这些给粉丝的物品中。其中，一个引发热议的例子是"Messiverse"，它是将球员利昂内尔·梅西的照片制成收藏品NFT而来。限量1件的NFT售价5万美元，限量75件的NFT售价1万美元。今后，像拼图一样把1件艺术品细分后销售，众多持有者的NFT聚集在一起组成1件艺术品的商品应该会层出不穷吧！此外，收集各种运动员的NFT集换式卡牌组成队伍卡组，和其他用户对战并取得胜利，由此可以提高队伍卡组的资产价值。诸如此类的玩法也是NFT集换式卡牌的一大魅力。

基于 NFT 的商品示例

将知名运动员的照片制成NFT作品，拆分销售其所有权

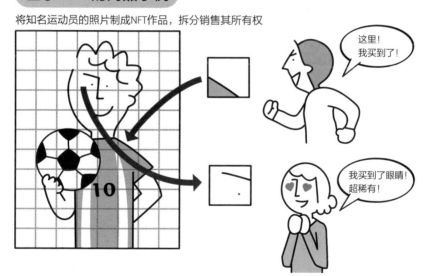

发行运动员的NFT卡牌

将收集的卡牌组合成队伍卡组，它的排名上升的话，卡牌也会升值

06 事例2：NFT×体育②
——Chiliz（CHZ）

在各个集换式卡牌厂商以发展传统卡牌的形式引入NFT时，Chiliz率先推出了一项服务。活用跨越虚拟空间和现实空间的粉丝代币的方法备受关注。

当各个集换式卡牌厂商忙着提供各种职业体育队伍的NFT物品取悦粉丝时，有一个品牌独辟蹊径，俘获了大批的粉丝，它就是Chiliz（CHZ）。除了知名的足球队之外，Chiliz还和综合格斗团体、与NFT相契合的电子竞技队伍等订立了合同，推出粉丝代币。

Chiliz采用的系统的创新之处在于，持有粉丝代币就有权参加队伍举办的官方投票活动。该投票中采用了区块链技术，粉丝的意见将会以

粉丝可以通过多种形式参与队伍活动

过去的粉丝参与系统

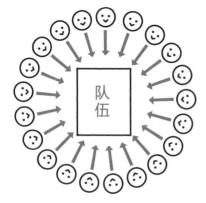

通过问卷调查等汇总粉丝的意见，单独传达给队伍

活用NFT的粉丝参与系统

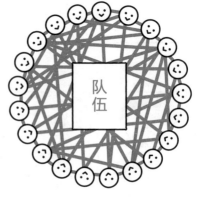

所有用户都可以互相交流，并进行高度透明的讨论

开放的形式展示出来，并传达给队伍。

在以往通过Facebook和Twitter设定的投票系统中，队伍及管理团队需要汇总单个的投票，并从中获取投票趋势和结果。但是今后，投票方也能实时查看投票结果，能够切身感受到自己的意见反映到团队运营的某一部分中的过程，这将是前所未有的体验。

当然，Chiliz正在构建一个提供各种粉丝福利、可以跨越虚拟空间和现实空间为队伍加油助威的系统。这些福利活动包括：参加粉丝和运动员交流活动的权利，优先获得新推出的官方商品的权利等。

07 事例 3：NFT × 集换式卡牌①
——NFT 带来的好处

NFT 集换式卡牌不必担心劣化问题，只要记录 NFT 的区块链、可以存储和查阅卡牌图像等数据的机制不变，就能享受到不变的价值。

除了大量印刷、容易获得的普通卡牌之外，体育运动的集换式卡牌还包括限量印刷的稀有卡牌、经过特殊加工的特殊卡牌等，各自的价值大不相同。还有知名运动员默默无闻时的卡牌，虽然曾被大量印刷，但由于剩余数量少等原因，其价值也会上升。这类纸质卡牌最大的难题就是保存方法，特别是一些核心粉丝，为此花费了相当多的心思。比如，把卡牌一张一张地放在一个叫作卡套的小塑料袋里，或者放在专用相册

NFT集换式卡牌优点多多

过去的纸质集换式卡牌

相当费神呢！

为了避免劣化和损伤，需要把卡牌放在卡套里，或用相册妥善保管

其他
● 担心遗失或被盗
● 因火灾或水灾等消失
● 赝品流通

里，以免卡牌损坏。即便如此，还是存在因盗窃、遗失、火灾或水灾等消失的风险。甚至很多时候还会因为伪造卡牌的流通，而被质疑卡牌的真伪。

但如果是NFT卡牌的话，由于每一张卡牌的（交易）历史都被记录在区块链上，就很容易证明卡牌为正品、卡牌为自己所有的事实。当然，因为是数据，只要它的记录和使用机制保持不变，就无须担心它会像过去的集换式卡牌那样劣化或遗失。如果卡牌的历史记录中有运动员本人曾经持有的记录，则可能会产生比签名过的纸质卡牌更高的附加价值和版税。目前，和纸质卡牌相比，NFT卡牌面临着初期就容易变得昂贵的难题。但是，也有很多优势足以弥补这一缺点。

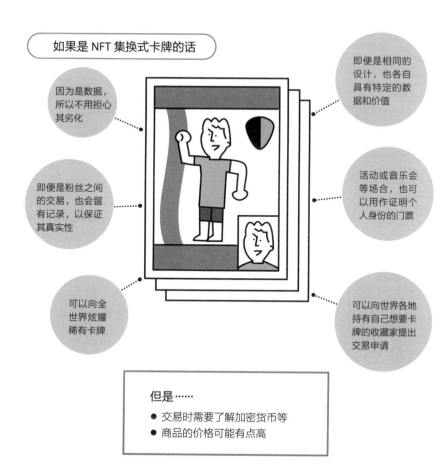

如果是 NFT 集换式卡牌的话

因为是数据，所以不用担心其劣化

即便是粉丝之间的交易，也会留有记录，以保证其真实性

可以向全世界炫耀稀有卡牌

即便是相同的设计，也各自具有特定的数据和价值

活动或音乐会等场合，也可以用作证明个人身份的门票

可以向世界各地持有自己想要卡牌的收藏家提出交易申请

但是……
- 交易时需要了解加密货币等
- 商品的价格可能有点高

08 事例 3：NFT × 集换式卡牌②
——老牌厂商的加入和新兴厂商的创新性服务

NFT 集换式卡牌配备了纸质卡牌无法拥有的各种功能，各厂商纷纷推出了各自独特的商品。例如，把体育运动员的成绩实时反映在卡牌上，也可以作为卡牌游戏使用。

可以说，有多少粉丝认可其中的价值、这种价值是否会延续下去，是收藏性高的单品能否发展下去的分水岭。在这一点上，业内老牌公司 The Topps Company 的加入，是集换式卡牌行业的重大事件。该公司堪称是卡牌行业核心的存在，其加入让集换式卡牌粉丝确信NFT集换式卡牌这一类型必将进一步扩展并延续下去。

另外，在老牌厂商加入的同时，新兴厂商特有的创新性服务也值

正在扩展的NFT集换式卡牌世界

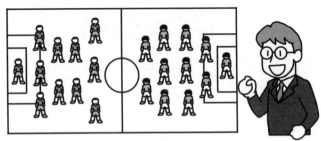

现实中运动员的得分会反映在卡牌上，可以用自己持有的NFT卡牌组成队伍卡组，与其他用户对战

170

得关注。Sorare出售的足球运动员的NFT卡牌，不仅可以收藏卡牌信息，其中追加了各赛季的实际比赛成绩，而且还可以将这些卡牌组合起来建立队伍卡组，和其他粉丝的队伍对战，从而享受比赛的乐趣。

在日本国内，融合现实世界和虚拟空间的商品发展备受关注。比如，可以在《Crypto Spells》的卡牌战斗中使用由SKE48演唱会现场盛况制成的集换式卡牌；BABYMETAL限量发行1000套由模拟唱片和10张NFT卡牌组成的套装等。

2021Topps 系列 1 棒球 NFT

集换式卡牌行业老牌公司The Topps Company加入NFT，让该行业一下子活跃起来

NFT 集换式卡牌

可以在《Crypto Spells》的卡牌战斗中使用由SKE48现场图片制成的NFT卡牌

BABYMETAL NFT 集换式卡牌

 限量 1000 套

成套销售模拟唱片和NFT卡牌

171

09 事例 4：NFT × 时装①
——NFT 解决的时装业课题

众所周知，时装业生产时环境负荷高。然而，在虚拟空间中发展起来的时装世界是新时代的前沿，在那里人们可以不受环境负荷的影响发挥新的才能。

平常鲜有人能意识到，其实时装业是一个环境负荷高的产业。时装业排放的二氧化碳量占所有行业的10%，排放的废水量竟然占所有行业的20%。在环境问题及改善环境的呼声日益高涨的情况下，这可以说是一个必须解决的重大课题。

因此，虚拟空间中的时装产业备受瞩目。实际上，既然人们生活在现实世界中，就无法放弃衣服。把时装活动的重心转向虚拟空间，消费

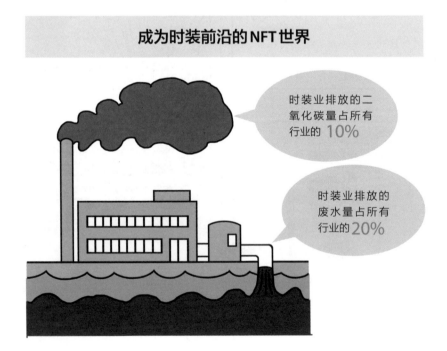

成为时装前沿的NFT世界

时装业排放的二氧化碳量占所有行业的10%

时装业排放的废水量占所有行业的20%

者更加关注虚拟空间内的时装，借此或许可以减缓现实世界中时装业经济活动的发展，减少二氧化碳和工业废水的排放量。

正因为是虚拟空间才能呈现出来多样化的设计，作为时装的前沿，欧洲的企业和新兴服装品牌对此都给予了热切的关注。此外，通过赋予新设计NFT，也可以提高稀缺性，并大大扩展其应用范围。设计一旦完成，立刻就可以作为时装商品流通，对环境的负荷也可以控制在最低限度内。这也让业余设计师获得了轻松发表作品的机会，而新的才能也会让创新性时装得到发展。

NFT 中的时装设计

由于无须物理生产，因此不会给环境带来负担，也不必担心库存。活用NFT后获得的稀缺性也是其魅力之一

10 事例4：NFT × 时装②
——与艺术的融合

全球时装品牌也可以把 NFT 引入其活动当中，这样的机会越来越多。作为活动的一环，它们会发行 NFT 化的艺术作品等，向比原有用户群体更为广阔的范围展开宣传。

2021年，全球奢侈品品牌古驰制作了一个表现公司世界观的视频。视频中，一扇大门打开后，一个穿着礼服的女人出现了，有一匹白马跑到她的身边。视频表达了对新事物的渴望和对生命诞生的赞美，描绘了黑暗被光明和希望取代的场景。

这个视频在老牌拍卖行——佳士得的网站上公开，作为一件NFT化的作品，以25000美元成交。古驰宣布将这笔收益捐赠给了联合国儿

时尚品牌展示出的NFT艺术品的可能性

古 驰

2021年，古驰在佳士得拍卖行上发布了表现其品牌价值观的视频，该动画的NFT在拍卖会上成交

童基金会新冠肺炎对策小组。可以说，这是一个将现实世界的活动与NFT联系起来的事例。

此外，路易威登（LV）也引入了NFT，并进行了独特的尝试。2021年，为纪念创始人诞辰200周年，该公司推出了手机游戏《LOUIS THE GAME》。游戏中，佩戴着该公司徽章的各种角色在虚拟世界中四处游历，收集散布在各地的蜡烛。如果在旅行中获得"金色明信片"，就可以报名参加LV公司发行的NFT艺术品的抽奖。

此外，在共计30种的NFT艺术品中，有10件是由世界著名数字艺术家Beeple亲自操刀的，可以预计它们将创造出相当可观的资产价值。利用NFT技术的经济活动已经近在咫尺。

路易威登（LV）

推出手机游戏，玩家四处旅行，收集散落在虚拟世界各地的蜡烛。如果在旅行中获得"金色明信片"，就可以报名参加LV公司发行的NFT艺术品的抽奖

11 事例 4：NFT × 时装③
——在元宇宙中的应用

时装的应用范围在不断地扩大，如将初期千篇一律的虚拟分身时装换成外部获得的 NFT 时装的服务，将自己的头像和 NFT 时装相结合的服务也在不断增加。

初级阶段，元宇宙中活动的虚拟分身的设计往往是整齐划一、毫无个性的。当人们想要表现出与其他用户不同的个性时，最简单有效的方法就是改变时装。为此，也有很多选择。

利用以太坊的去中心化元宇宙平台Decentraland是这一领域的先驱。通过在NFT交易平台上购买支持Decentraland的NFT时装，然后登录Decentraland选择购买的NFT时装，用户就可以给自己的虚拟分

NFT独有的属于自己的时装

Decentraland

NFT 交易平台

时装品牌

购买NFT时装和虚拟分身

在相应的元宇宙中使用

经Decentraland同意，可以设计外部使用的虚拟分身的时装，并将其NFT化

身换装。可以展现出与穿着元宇宙中系统默认时装不同的身姿。另外，经Decentraland同意，可以设计NFT时装并在交易平台上销售，从而扩大了我们的经济活动范围。同样，还有设计和销售虚拟分身本身的服务。可以说，Decentraland具有无限潜力。

除此之外，Decentraland还推出了这样的服务：如果购买了只存在于NFT上的时装，向发行公司发送自己的面部照片，就能收到自己穿着那个时装的样子的图像。其中，就有一件NFT时装以9500美元成交。

可以在数字科技中选择 NFT 时装的服务

购买NFT时装

将自己的照片发送给
发行公司

收到时装和自己面部的
合成图像

其中还有在拍卖会上
以 9500 美元成交的
高价 NFT 时装

可以在网上公开，
也可以用作自己的
图像等

12 事例4：NFT×时装④
——与现实之间的合作

NFT以数字数据形式存在于虚拟空间中。而在时尚界，正在开展一种颠覆此概念的新尝试。部分品牌开始提供可以实际穿着的NFT时装商品。

杜嘉班纳（Dolce&Gabbana）于2021年推出"Collezione Genesi"系列NFT，在海内外引起了强烈的反响。Collezione Genesi系列的9个NFT中，只有头冠等4件珠宝饰品是NFT虚拟设计，其他5件时装是和NFT时装设计相同的实体作品，是独一无二的礼服套装。将虚拟空间中的大胆设计实体化的过程，是很有刺激性的。最引人注目的是，这9个NFT的总成交金额约为6亿日元。

以虚拟空间为前提的大胆时装

杜嘉班纳（Dolce&Gabbana）

NFT时装

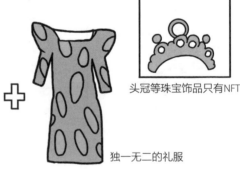

头冠等珠宝饰品只有NFT

独一无二的礼服

**5件时装和4件珠宝饰品的
总成交金额约为6亿日元**

比Collezione Genesi系列更贴近日常生活的是RTFKT推出的NFT运动鞋。RTFKT联合艺术家FEWOCIOUS，推出了多种款式的运动鞋。在购入某款运动鞋6周后，通过RTFKT的特设网站提交申请，就可以获得同样款式的实体运动鞋。一个NFT只提供一双实体运动鞋，但是之后该NFT仍可买卖。仅仅是NFT就能以30万日元左右的价格交易，可见其热度之高。

在日本国内，著名时装设计师们也相继表明他们进军NFT的态度，预计今后他们将会不断遇到此类机遇。

运动鞋潮流席卷NFT！

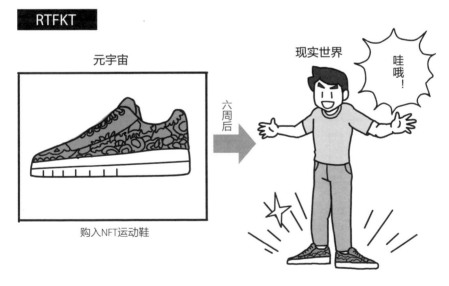

RTFKT

元宇宙

现实世界

哇哦！

六周后

购入NFT运动鞋

可以得到和虚拟设计相同且仅此一双的运动鞋

13

事例5：NFT × 音乐①
——音乐订阅服务的未来

过去，享受音乐的方式是购买黑胶唱片和CD。而现在，订阅音乐的流媒体服务正在迅速发展，并成为主流。并且，在下一个阶段，NFT音乐将备受瞩目。

从2020年开始，新冠肺炎疫情大肆蔓延，极大地改变了我们的生活。由于外出减少、大型活动取消等，在家娱乐的比重一下子提高了。音乐界之前曾宣称CD的销售额下降，而与之相反，Amazon Music和Apple Music等音乐流媒体服务的订阅数量逐渐增加。这样的订阅服务不是花钱购买和播放单个音乐内容，而是利用通信环境访问互联网上的音乐数据库，从而播放、享受音乐。与购买CD不同，音乐流媒体服务

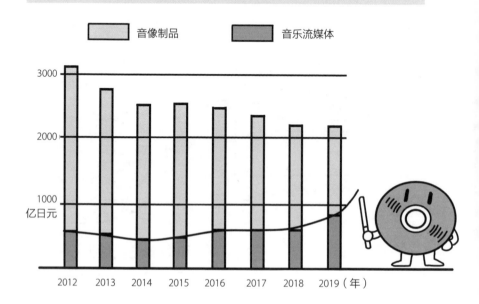

从CD到流媒体音乐，再到NFT时代

音像制品　　音乐流媒体

3000

2000

1000
亿日元

2012　2013　2014　2015　2016　2017　2018　2019（年）

能让用户在想听音乐时马上下载欣赏，这一点也是其最大的魅力。

并且，该服务每个月的费用一般定得很低，只有几百日元。但说到底，订阅服务只是一种在特定环境下获得的播放权利。因为，它并不像黑胶唱片和CD那样可以拥有音像制品，所以即使拥有使用权，也无法自由支配。

而现在，音乐界开始再次探索用户获取音乐的方式——利用NFT化后的音乐数据。通常，音乐唱片公司和制作者拥有CD音源的版权和母盘权，但NFT音乐的版权结构将发生变化。NFT音乐是世界上唯一带有无法伪造的鉴定书的音乐，它将产生新的价值。

所有人都可以通过在线流媒体轻松享受音乐，这样的生活方式正在逐渐普及。其中，NFT蕴藏着新的可能性

14

事例5：NFT × 音乐②
——音乐行业中的NFT现状

著名艺术家们亲自制作的特别的NFT，有时会以艺术家本人都没想到的高价成交。因为不管是什么类型的乐曲，富有高级感的NFT音乐都能紧紧抓住歌迷的心。

对新科技敏感的艺术家们对NFT也反应灵敏。例如，著名的舞曲音乐家3LAU为纪念自己的专辑《Ultraviolet》发行三周年，以NFT的形式拍卖了共33件作品。其中，包括定制歌曲、未发行歌曲的访问权、受他音乐启发的定制艺术品以及专辑中收录的11首歌曲的新版本等。拍卖总成交额高达1170万美元，这让3LAU自己都大吃一惊。

在日本，因电子音乐而颇受欢迎的Perfume音乐组合也在作品中融入了NFT。Perfume的NFT艺术作品《Imaginary Museum "Time

将NFT融入创作的艺术家

我没想到拍卖价格如此之高。

3LAU

- 定制歌曲
- 未发行歌曲的访问权
- 定制艺术品
- 专辑中11首歌曲的新版本等
  共33件作品同时附赠一张黑胶唱片
  ➡ 单件最高拍卖价格竟然是
  360万美元！
  共计1170万美元！

Warp"》是由网络上发布的视频制成的CD，在交易平台上进行拍卖和销售。该组合一共发行了8次（8件）NFT作品，首发NFT作品竟以325万日元的价格成交。

像这样采用了最新技术的，不仅限于舞曲和电子流行音乐。演奏管弦乐的达拉斯交响乐团与大都会歌剧院管弦乐团共同举办了演出，其音源和视频作为3种NFT出售。最便宜的只需100美元就能买到，还有NFT承诺为持有者提供音乐会VIP待遇，包括完整音乐会的视频、与艺术家共进晚餐、酒店住宿，该NFT售价竟高达5万美元。

Perfume

- 以网络发布的视频为素材进行数码加工制成NFT作品，在拍卖会上拍卖
  - ➡ 以约 325 万日元的价格成交！

达拉斯交响乐团

- 音乐会的限定视频、音源等
  100美元×25
- 采访视频、特别音乐会的门票等
  1000美元×15
- 除音乐会视频外，还能与艺术家共进晚餐、享受演唱会的VIP待遇
  5 万美元

15 事例 5：NFT × 音乐③
——具有代表性的国内外 NFT 音乐服务

很多人会提出这样一个简单的问题：我在哪里可以买到 NFT 音乐？本节将介绍可以购买我们还很陌生的 NFT 音乐的网站，以及即将上线的具有代表性的交易平台。

NFT推进的程度还不能让我们在任何地方都可以轻松购买，部分原因是它使用了此前没有的新技术。因此，本节将介绍几家公司，这些公司正在运营NFT或宣布了NFT运营计划。

首先，是已在运营NFT的The NFT Records。这是全球首个主攻音乐的NFT交易平台，除了发行带有序列号的NFT之外，该平台还将音乐、照片和MV等组合在一起，按照各唱片公司的意愿发行NFT。

正在全面推进 NFT 的运营商

The NFT Records

- 按照艺术家的意愿，销售将专辑、单曲、照片、视频等组合在一起的NFT商品

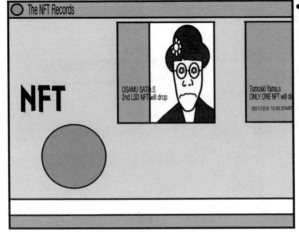

面向全球的The NFT Records，支持多国语言，支持多种货币结算方式，未来也将着眼于全球市场。

接下来将介绍腾讯音乐娱乐集团（TME/Tencent Music Entertainment Group）。早在2021年就有知情人士透露，腾讯音乐娱乐集团将推出NFT数字藏品。目前，该集团旗下的QQ音乐正在进行内测。如果能正式开放，它将成为中国首个音乐NFT平台。

除此之外，日本音乐著作权协会开始使用区块链技术进行音乐作品管理的实证实验；音乐制作人昆西·琼斯创立的音乐交易平台One Of也发布了多款NFT产品。

腾讯音乐娱乐集团（Tencent Music Entertainment Group）

- 2021年宣布将推出基于区块链技术的NFT数字藏品
- 目前正在测试中，如果能正式开放，将成为中国首个音乐NFT平台

日本音乐著作权协会（JASRAC）

- 开始进行使用区块链管理音乐作品的实证实验，拟招募相关企业参加

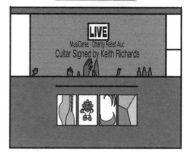

One Of

- 著名制作人昆西·琼斯创立的交易平台
- 其特点是注重环境问题

16 事例5：NFT × 音乐④
——音乐行业和 NFT 的未来

音乐行业和 NFT 非常契合，对于艺术家、粉丝、音乐唱片公司，甚至大型音乐活动的主办方来说，NFT 都能带来各种好处。下面将介绍其中最具代表性的几个例子。

NFT的普及，可能会引起音乐行业的巨大革新。接下来，让我们从艺术家、粉丝、音乐唱片公司和大型音乐活动主办方的角度来分析一下吧！

对于艺术家，可以直接将NFT作品的音源送到粉丝手中。这样一来，艺术家无须通过唱片公司就能发行作品，发行作品的内容和构成也无须受制于唱片公司，作品自由度得到提高。并且，音乐完成后马上就能发行，这也是其一大魅力。

NFT 使多方受益

NFT 赋能艺术家与粉丝

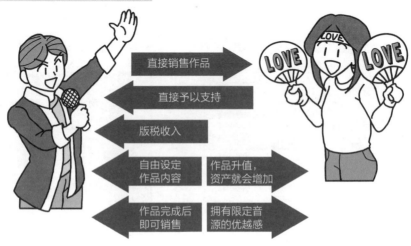

对于粉丝来说，除了可以直接支持艺术家之外，还可以通过NFT拥有限定音源，获得优越感。如果作品大受欢迎，NFT音源的资产价值也会不断提高。

对于音乐唱片公司来说也有很多益处。例如，可以再次利用曾发行过的音乐，降低开发小批量商品的风险，开发与CD、DVD或蓝光组合的商品。

此外，NFT也能给大型音乐活动主办方带来新的利益。将门票NFT化不仅有助于管理参加者，为参加者提供优惠，还可以防止非法倒卖和伪造门票。同时，也能把握新商品开发的关键点，例如将活动照片NFT化等。

NFT 赋能音乐唱片公司

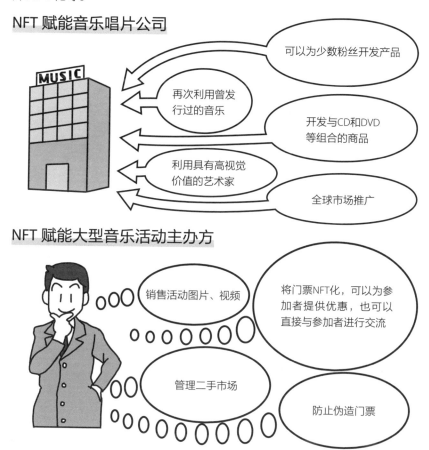

NFT 赋能大型音乐活动主办方

17

事例6：NFT × 游戏①
——NFT 游戏与传统游戏的区别

传统的集换式卡牌游戏为了满足玩家的需求，初期费用往往很高。但 NFT 卡牌游戏初期阶段的费用较少，卡牌交易的透明度高。

　　传统的集换式卡牌游戏必须遵循这样一个流程：首先购买补充包，构建最低限度的卡组，然后购买额外的补充包，收集稀有卡牌来增强卡组。而能否获得稀有卡牌，取决于运气的好坏。要想以一定水平的战斗力来享受游戏，就需要相应的资本实力。

　　因此，零花钱有限的孩子等无法轻松参与游戏。另外，稀有卡牌本身会产生价值，可被高价交易，但其价值也会随着客观上的劣化、弯折

比传统卡牌游戏更能保证资产价值

哦！全球限量 10 张的超稀有卡牌！

它就是现在溢价交易的卡牌！

但是，为了得到这张卡牌到底花了多少钱呢？

模拟集换式卡牌游戏的情况

等损坏而变化。

但是，对于NFT集换式卡牌游戏来说，游戏软件往往同时免费提供相当于补充包的初期阶段的卡牌，玩家也可以通过重复玩游戏获得积分，同时增加卡牌数量。在此基础上，可以通过与其他玩家交易或者在交易平台上购买等方式获取强大的NFT卡牌和稀有的NFT卡牌，从而增强战斗力。

与靠运气购买补充包相比，以能接受的价格购买想要的NFT卡牌的方式更具有优势。当然，也不用担心盗版卡牌会在市场上流通，所以也有人认为NFT卡牌的资产价值更高。

NFT 卡牌游戏的情况

这也是全球限量10张的超稀有NFT卡牌！

很多游戏本身都是免费开始的，卡牌也可以自由交易。

资产价值很高啊！

可以根据自己的预算购买想要的卡牌，太吸引人了。而且还不用担心出现盗版卡牌。

18 事例6：NFT × 游戏②
——激励用户玩游戏

NFT游戏最大的特点就是委托用户运营，当用户提高游戏的活跃度时，游戏的价值就会上升，最终拥有的NFT资产就可以在自己手中不断增加。

NFT游戏的一个特点在于，它不同于剧情闯关类型的RPG游戏，用户可以按照自己喜欢的玩法来享受游戏世界。

例如，游戏《My Crypto Heroes》（《我的加密英雄》）有四种玩法：培养英雄和团队，并通过战斗获得奖励的"武士"；在市场上出售在地下城等地获得的道具，并以此获利的"农民"；设计英雄像素画，并出售获得收入的"工匠"；在市场上购买英雄和道具，并与玩家

可自由选择玩法的 《My Crypto Heroes》

武士
培养英雄和团队，在战斗中获得奖励

工匠
设计英雄的像素画，出售获利

我要选择哪种玩法呢？

商人
在市场上购买角色和道具的NFT，然后卖给玩家获利

农民
把在地下城得到的物品卖到市场上获利

进行交易获得收入的"商人"。这些都可以说是通过将游戏角色和道具NFT化形成的共存生态。

《Crypto Spells》是一款将传统集换式卡牌游戏NFT化后改编而成的游戏，它也发挥了NFT的特性。在游戏中使用的卡牌，根据稀有度从高到低分为限量传奇、传奇、黄金、白银和青铜等级，除白银和青铜卡牌外，排名靠前的卡牌可以交易。此外，公会（在线游戏内成立的团体）的所有权也被NFT化了，公会会长若是能提高公会的活跃度，公会的NFT资产价值也会随之增加。

NFT 卡牌交易活跃的 《Crypto Spells》

限量传奇卡牌
只发行9张的超稀有卡牌，可通过NFT在游戏内外交易

传奇卡牌
可通过NFT在游戏内外交易

黄金卡牌
可通过NFT在游戏内外交易

白银卡牌
无法在游戏内外交易

青铜卡牌
无法在游戏内外交易

我们来举办活动，让公会活跃起来吧！

公会会长

策划活动的不是游戏运营方，而是玩家，所以一直都很有趣。

因为有 NFT 卡牌，游戏的目的更多了

19 事例6：NFT × 游戏③
——元宇宙 × 游戏（The Sandbox）

The Sandbox 元宇宙是一个完全由用户管理的世界，在那里可以自由地进行消费和生产活动。用户在游戏中的活动决定了游戏体验的质量和NFT的价值。

　　The Sandbox是NFT游戏与元宇宙结合的典型，其最大的特点是由用户运营管理。虽然The Sandbox提供了构成虚拟世界的基本程序，但玩家的行动完全不受其限制。The Sandbox也将游戏内产生的资产的支配权完全下放给用户，因此这些道具和资产也可以带到游戏外部的NFT市场进行交易或变现。这在《动物之森》那样的中心化管理型系统的游戏中是无法做到的。

The Sandbox 将游戏世界交给用户运营管理

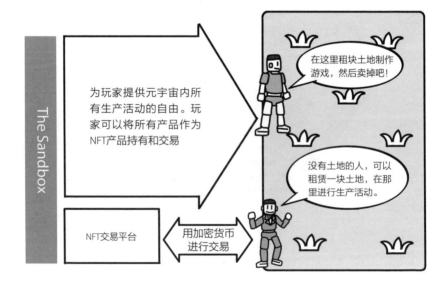

用户首先在游戏世界里购买土地，然后进行开发。在这里可以与现实世界一样从事经济活动，例如通过制作游戏和立体模型等有偿道具获得收入、建造建筑物并出租、举办活动并收取入场费等。其终极目的在于创造利益的同时营造虚拟空间内的生活。

在游戏的初期阶段，需要现实世界中的资金作为土地购买金，但预算不充裕的用户也可以在游戏中向土地所有者租赁土地进行活动。在3D空间里，虚拟分身能够在游戏空间里实际行走或乘坐交通工具移动，进入其他用户的土地或街道。这些街道的活跃度会随着用户的活动而增长，如果其他用户离开的话，活跃度就会降低。

需要掌握的 NFT 商业用语⑤

1. 电子商务网站

电子商务网站是指提供电子商务服务的网站，通过该网站可以进行网络商品和服务的交易。它分为商城型和自建网站型。商城型是指在亚马逊、乐天市场、雅虎购物等网站开店的类型。商家可以使用商城提供的系统，结算服务也由商城代办，因此无须自行制作电子商务网站。自建网站型是指商家自行制作电商网站。该类型虽然自由度高，但需要商家自行建立结算机制并确保其安全性（不过，也有许多工具和服务可以帮助商家建立和运营网站）。

2. 集换式卡牌

以收集或交换为目的制作的手牌（卡牌）。集换式卡牌（Trading Card）可以分为两大类：一类是用收集到的卡牌制作卡组（卡牌的集合），进行对战游戏；另一类是卡牌上的图案本身具有价值。第一类卡牌需要组建卡组才能开始游戏，所以除卡牌外，游戏平台还出售预先准备好的卡组。第二类是用偶像的照片、动漫中的人物等制成的卡牌等，此类卡牌的特点是交换，因此在英语国家也被称为收藏卡牌（Collectible Card）。

3. 粉丝团

粉丝团是一种重视认同和支持某企业或品牌价值的支持者（粉丝），并以粉丝为基础提升销售额和价值的策略。粉丝是支撑企业和品牌的根本因素之一，粉丝增多意味着企业和品牌的不断发展。因此，如何为公司或品牌赢得粉丝成为重要的企业战略。但是，目前正处在一个很难获得新客户群体的时代。因而，对于企业和品牌来说，粉丝团的存在弥足珍贵。为了巩固粉丝团，增强认同感、提升粉丝忠诚度、增强信任感是很重要的。通过加强这三点，粉丝才会成为更加牢固的核心粉丝，进而提高获得新粉丝的可能性。

4. 卡组

这是一种从"包着卡牌的物品""汇总卡牌的物品"转变而来的用法，指的是一套已选择好的供游戏使用的卡牌组合。其词源是英语单词"Deck"。此外，玩卡牌游戏的时候，玩家会按照游戏规定的卡牌数量选择一套卡牌，这一步被称为"组建卡组"。卡组的组建因游戏而异，玩家为了在游戏对战中获胜，需要根据每张卡牌的作用和技能进行组合，然后将其用于对战中。"组建卡组"还可以表述为"组建卡牌集锦""搭建卡组"等。

5. 粉丝代币

粉丝代币是一种旨在粉丝和品牌之间建立密切关系的代币。目前，粉丝代币主要在体育行业广泛应用。例如，如果你拥有一个运动团队的代币，你就可以参加支持者投票活动或获得一张抽奖券。有些流通的粉丝代币被视为加密资产，因为它不仅可以享受特殊权益，还具有流通性。由于粉丝代币的价格往往与特殊权益的内容、球队战绩、人气等因素挂钩，所以不只是某运动队的粉丝会购买粉丝代币，出于投资目的购买的人也在增加。

6. 虚拟分身

虚拟分身是指在线游戏或虚拟空间中出现的使用者的分身角色或画像等。虚拟分身（Avatar）来源于表示化身、分身、权化和具现等含义的词语。虚拟分身并不一定与用户实际长相相似，很多时候还可以使用变形为漫画风图案的角色。虚拟分身的特征之一是不仅可以选择动物、机器人以及特定漫画和动漫中的人物，多数情况下，还可以自定义发型、服装、装饰品等。用户可以操纵自己选择的虚拟分身，在虚拟空间中享受虚拟分身之间互相交流、购物等的乐趣。此外，在某些情况下，虚拟分身还可以将在虚拟空间商业交易中所得的销售利润在现实世界中变现。

7. 序列号

序列号是指赋予限量物品的专有编号，也称版本号。作为艺术家管理限量制作的作品数量的手段，艺术作品等被逐一编号。在绘画中，大多是在空白处标注"84/100"等标识，其分子代表序列号，分母代表限定份数。但是，艺术家们会仔细检查同一版印刷的每一幅作品，如果发现了不太满意的瑕疵品就会将其拿掉，最终只将满意的作品限量整理成册，所以序列号不一定是连续的。此外，对计算机软件产品等批量生产、复制生产的工业制品，为识别每一个产品而分配的专有编号也被称为序列号。

8. RPG

它是Role-Playing Game（角色扮演游戏）的简称，是一款可以在地图（游戏内的世界）中进行探索、解读故事或破解谜题的游戏。玩家操作游戏分配的角色（玩家角色），与其他角色相互配合，通过游戏的试炼（冒险、难题、探索、战斗等）。RPG游戏可以一边享受角色通过历练升级成长的过程，一边达成游戏目标。一般认为RPG游戏的起源为桌游，始于1974年发行的桌游《龙与地下城》。后来，家用游戏机上的游戏《勇者斗恶龙》和《最终幻想》系列风靡一时，RPG游戏声名鹊起。

十年巨变！
未来 NFT 商业的预测图

世界上第一条推特

NFT已经被广泛应用于各个领域。

NFT还蕴藏着能够改变我们日常生活的巨大潜力。本章将介绍通过NFT即将实现的未来。

01 与 NFT 息息相关的 "DApps" 是什么?

所谓 DApps 是指在没有中心管理者的区块链领域中处理数据的程序。DApps 是确保 NFT 安全交易的一项有效功能,也是未来越来越受关注的机制之一。

区块链为NFT提供基础支撑,其中无须中心管理者介入就能操作的程序是Decentralized Applications(去中心化应用程序),简称"DApps"。DApps是在没有中心管理者的区块链中自主工作的程序;与之相对,存在中心管理者的应用程序叫作Centralized Applications(中心化应用程序),简称"CApps"。

DApps的特点有:开放源代码;应用程序运行在区块链上,而不是

没有中心管理者的DApps

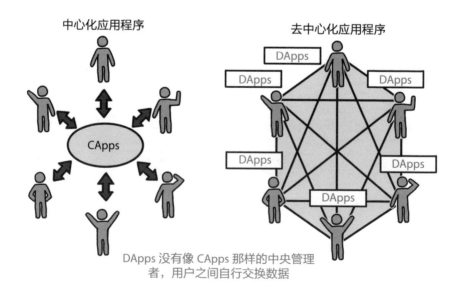

DApps 没有像 CApps 那样的中央管理者,用户之间自行交换数据

在特定的计算机上。例如，它负责将各种价值代币化，供用户接收。

　　如果我们仔细留意DApps就会发现，它的功能跨越前端、后端和区块链三个领域。前端是面向用户的界面，接受用户的请求并显示最终结果。后端是实际处理用户请求的程序群，根据需要与区块链进行数据交互。区块链的作用是将各个处理与用户关联起来，充当保管数据的接口。实际上，把所有的数据都存储在区块链上是不现实的，而是将其分散保存在现有的数据库或IPFS等作为P2P网络运行的分布式存储器上。

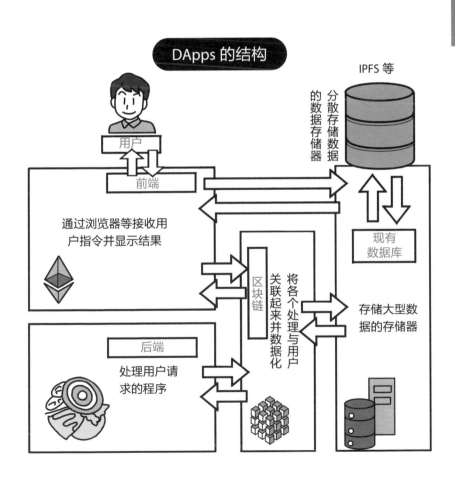

02 未来银行的形式会发生变化吗？
一场名为"DeFi"的革命

传统金融机构筹集、融通资金需要人工介入，所以会产生手续费，而且需要花费一定的时间。而能够解决这一问题的，就是在区块链上工作的去中心化金融"DeFi"。

"DeFi"是Decentralized Finance的缩写，日语称之为"分散型金融"（去中心化金融）。

以往的金融是由银行等金融机构作为管理者，审查交易主体和交易内容，在收取手续费的基础上执行并促成交易。当然也会有电脑处理介入，但基本上都要经过人工决策。这样的模式叫作Centralized Finance，简称"CeFi"，即为中心化金融。DeFi和CeFi的关系与前一

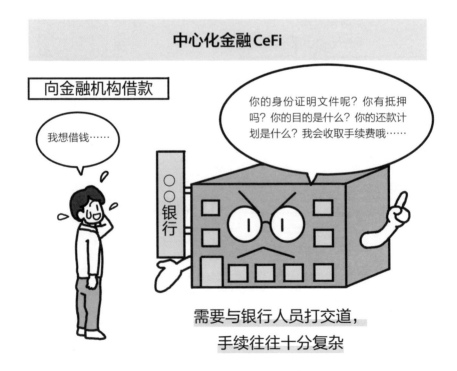

中心化金融CeFi

向金融机构借款

我想借钱……

你的身份证明文件呢？你有抵押吗？你的目的是什么？你的还款计划是什么？我会收取手续费哦……

○○银行

需要与银行人员打交道，
手续往往十分复杂

节介绍的DApps和CApps的关系类似。

CeFi是通过人工和各种程序来执行交易的，所以前期的文件准备等比较烦琐，需要一定的时间才能执行。

但是，DeFi没有中心管理者，区块链上的程序会自动判定是否可以进行交易，是否可以迅速执行交易。交易执行机制运行的规则是预先编好的程序，所以无法在审查中随意加入内容。因此，只要达到事先规定的标准，就可以迅速筹集、融通资金，进行投资等。虽然其中也存在很多问题，例如如何开展反洗钱工作等，但以NFT领域为代表，该模式可能会成为今后金融交易的新形式。

通过 DeFi 贷款

请大家把钱借给我吧！

区块链上的程序会自动判定是否

可以进行交易，因此可以迅速进行交易

03 NFT 成为一种生活手段

当前的金融活动主要以银行等金融机构为中心来开展。但是，随着
NFT 游戏和元宇宙中的交易越来越频繁，未来的经济循环可能不需要
再通过银行。

大家知道"普惠金融"这个词吗？普惠金融为因各种原因无法使用
金融机构服务的个人或法人等提供机会，将金融服务普惠于民。

迄今为止，我们的资产基本上都是由银行等金融机构管理。但是，
当NFT作为资产在NFT游戏上流通时，它就开始具有与金融机构相同
的功能。也就是说，此前银行的一部分资金管理功能，都将转移到以区
块链为支撑的NFT上。此外，如果你在NFT游戏中通过培养角色、制
作道具、获取游戏积分等方式得到了各种各样的NFT，那么这些都会
成为你的收入。

"传统游戏" 和 "play to earn 型游戏"

与pay to play（付费玩）、free to play（基本免费玩）这类以往的游戏相比，这类游戏一般被称为play to earn（边玩边赚）型服务。例如，在菲律宾很受欢迎的游戏《Axie Infinity》中，玩家通过让怪兽对战，就可以在游戏中获得加密货币SLP，还可以兑换成比特币这类主流的加密货币，因此有人以NFT游戏为生。如果游戏中获得的奖励以及兑换得来的比特币等加密货币，可以作为向信用卡公司还款的方式使用的话，那么，不需要经过处理现有存款的金融机构也可以完成经济活动。

未来，NFT可能是实现现行金融机构难以实现的普惠金融的关键。

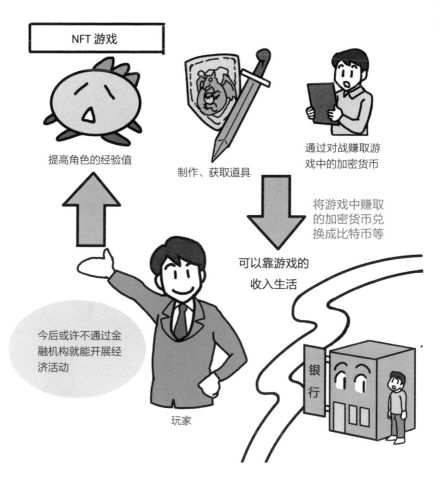

NFT 游戏

提高角色的经验值

制作、获取道具

通过对战赚取游戏中的加密货币

将游戏中赚取的加密货币兑换成比特币等

可以靠游戏的收入生活

今后或许不通过金融机构就能开展经济活动

玩家

银行

04 如果 5G 真正推广开来，将会发生什么呢？

5G 网络对单个电话终端来说益处不大，但却可以在使用以区块链为媒介的信息网的各种服务之际发挥巨大作用，也可能在 NFT 的运用中提供巨大优势。

　　手机网络升级为5G被誉为梦想中的科技，但在实际生活中你能感受到多少5G带来的效果呢？虽说可以在几秒钟内下载一部电影的数据，但是将大量数据下载到电话终端的情况本就少见，给特定服务器带来负担的下载，也会使其通信速度即刻下降。这并不取决于网络线路，而是取决于服务器的处理速度。

　　那么，什么时候能够发挥5G的高速性呢？那就是在各个计算机紧

共享经济世界因NFT而改变

流动性

租车与共享汽车

输入收到的验证密码进行解锁！

共享单车等

密通信的环境下。全面掌握个人的活动信息、天气信息、交通工具的实时状况变化等，并将其作为反映公共服务的信息基础设施加以利用。此时，5G就能够在一瞬间传输海量信息，发挥巨大威力。

此外，在这些基础上再加上NFT，经济活动就会产生各种各样的便利之处。例如，在使用共享汽车时，使用者预订完成后将得到一个NFT，然后可以发送信息来解锁汽车；预订酒店时收到的NFT，可以代替房门钥匙。通过这些方式，简化了以前由人操作的工作。另外，从事提供特定技能职业的人们可以将技能NFT化，以获得新的工作。5G作为支撑这些信息流通的基础设施，将发挥巨大的作用。

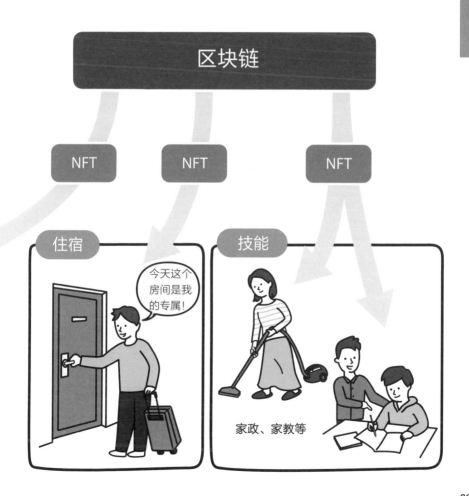

05 数字孪生：
与现实世界孪生的虚拟世界

如果能够在虚拟空间里真实地再现现实世界，我们将会更加容易地获得对生活有用的信息。数字孪生已经应用在防灾计划等的制订上，今后有望使用精密度更高的数字孪生。

所谓数字孪生，就是将现实世界中存在的事物数据化，在虚拟空间上原封不动地再现出来。即便现阶段其精密度还不是很高，但如果工业产品、建筑物等的每一个部件都能搭载传感器和通信设备，届时就可以创造出精密度更高的数字孪生。或许它可以实时反映路上行驶车辆的位置和速度，也可以真实地再现人行道上行人的位置。如果这些信息聚集起来后能够达到再现整个城市的规模，就可以进行各种验证和实验。在这个数字孪生的世界中，或许可以进行各种极具真实感和准确性的模拟

可以将现实世界复制到虚拟空间中，进行各种验证

现实世界

制作数字孪生

实验，诸如尝试优化交通、避免事故等。

　　刚才列举的还只是科幻电影世界层面的事例，事实上，在此之前数字孪生已经投入实际应用了。例如，将建筑物的结构、建造年限、地基等实测数据输入计算机中进行再现，据此可以预测发生地震时的受灾情况。它还可以用于再现周围的建筑物、信号灯、电线的位置以及各个时段的路况，还可以在施工时调整大型车辆的安全移动路线。今后，随着可以模拟的信息和场景的增加，我们将逐步通过不同的使用方式切实感受到数字孪生对生活的作用。此外，平衡数字孪生和个人信息、隐私保护的关系也是非常必要的。

06 改变隐私概念的 NFT 的未来

活用 NFT 的社会，将为各种各样的事情提供便利条件。但是，过度的信息化也可能会导致个人信息暴露，因此应该谨慎地对待个人号码等重要的个人信息可能会被公开的问题。

高度信息化的社会是利弊共存的。活用NFT的元宇宙世界或许能为我们提供梦想的空间，但我们也需要了解潜藏在这背后的危险。让我们想想在银行ATM机上进行个人身份验证时的情景吧！有没有觉得每次都按密码很麻烦呢？如何才能建立一个可以自动识别出站在ATM机前面的人就是开户人本人的系统呢？其中的一个可能性就是将每个人获得的个人号码NFT化。

将NFT转移到房子、 汽车、 电车、 建筑物等

将自己的个人号码 NFT 化，在出行目的地和使用的服务中经常提示个人号码。通过这样的机制……

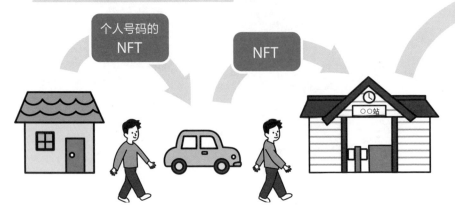

个人号码的 NFT

NFT

　　如果能够经常在自己的出行目的地和使用的服务中提示个人号码的NFT，并能够保持这种提示机制的话，别说密码了，说不定即便没有现金卡也能取出现金。原本需要身份认证才能进入的场所，也可以直接通过了，十分快捷方便。

　　但是，其基本机制是广泛公开区块链上的信息，而且信息一旦记录就不能删除，所以，将个人信息记录在区块链上的想法遭到了否定。于是，有人提出了去中心化ID（DID·Decentralized ID）的概念，即在区块链上管理自己的ID，必要时可以进行身份认证。这是一个兼顾个人信息保护和个人信息有效利用的新理念，值得我们关注。

或许不用密码就能验证身份，进而从 ATM 机中取钱

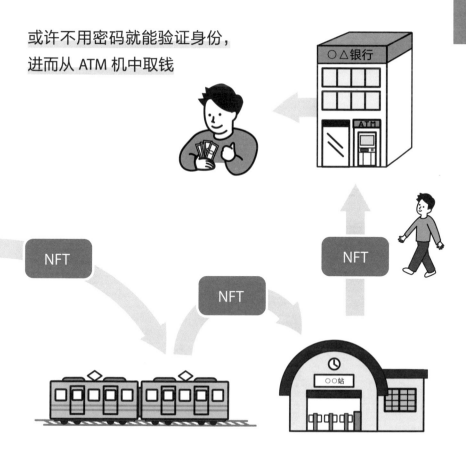

NFT 在出版业中的可用性？

电子书具有不需要保管场所、便于携带等优点，但是其本身不能作为财产为人所有。然而，NFT 化的电子书是与特定个人相关的特定财产，所以作为下一代电子书有可能成为私人商品。

　　纸质装订的书籍销量逐渐减少，而与之相反，电子书市场却在持续增长。在此背景下，2021年，一本划时代的杂志《SAUNA LAND》以电子书的形式创刊。要说其划时代之处，就在于它没有在所谓的电子书发行平台上流通，而是将其作为唯一一本包括商用使用权在内的电子书NFT化，并通过网络拍卖的方式予以公开。最终，该杂志竟然以276万日元的价格成交，中标者作为特定个人获得了电子出版权和内容。

　　原本纸质书籍本身就是所有者的财产，可以借给熟人，不看了还

这本附带出版权的、限量1本的NFT杂志以高价成交

这本限量 1 本的电子书，其所有人拥有出版权，可以创造出新的利益

以 **276** 万日元的价格成交

可以卖给旧书店变现。而电子书只是购买了阅览权，既不能外借也不能出售。

但是，将电子书NFT化后，其数据就会成为特定个人的财产。通过转移NFT的形式，可以借给熟人或出售。这种简便性为那些因电子出版的缺点而犹豫不决的出版商和读者打开了新的大门，或许能成为活跃市场的催化剂。

可以借给朋友或卖给旧书店

以往的电子书……

存储在手机里，不能借给朋友，也不能卖给旧书店。

NFT 电子书……

如果转移NFT，就可以借给朋友或卖给旧书店！

NFT 或许可以活跃出版业！

需要掌握的 NFT 商业用语⑥

1. DApps

DApps是Decentralized Applications的简称，是指去中心化应用程序。这是一种没有管理员的应用程序，是一种让程序（智能合约）在区块链上运行的机制。DApps的工作原理类似于智能手机或笔记本电脑上的应用程序，具有活用区块链技术、防止特定企业独占用户数据的特征。通过使用智能合约，可以具备各种功能，不仅可以创造出以买卖交易为目的的传统加密货币，还会生成NFT游戏、下一代金融服务DeFi等前所未有的划时代的内容和系统。

2. 应用程序

应用程序本来是指在电脑和服务器等信息处理装置中安装的OS（基本软件）上运行的软件。但是，2008年iPhone 3G上市以后，人们开始广泛使用APP这一名称。后来，随着智能手机的普及而固定下来。现在，除了邮件、日历、文档制作工具等工作业务上使用的软件以外，手机结算、游戏等面向个人的应用也不胜枚举。

3. 接口

在IT领域，接口是指多个事物连接、接触的地方，也是两者之间交换信息、信号等的顺序和规则。例如，连接计算机和打印机的接线头、USB电缆等都是接口。接口主要包括以下几种：硬件接口，该接口连接多个装置，通信时的规格决定了连接器的形状和电子信号的形式等；软件接口，该接口规定了程序之间交换数据和指令的步骤和形式；用户界面，该接口规定了计算机向用户显示信息的方式，反过来还规定了用户输入信息的方式。

4. DeFi

DeFi是Decentralized Finance的缩写，日语中称其为"分散型金融"，是指可以在区块链上构建金融服务等的应用程序。在以往的金融服务中，用户需要向银行、证券公司、证券交易所、人寿保险公司等金融中介缴纳各种各样的费用。但是，DeFi没有作为中央管理者的中介，因此一般不会产生手续费，或者为了维护整个网络收取极少的费用。DeFi中所有的交易记录都记录在区块链上，对交易记录是否正确进行审查和认可的是用户。它是一种用户之间互相管理的机制，因此被称为去中心化金融。

5. 普惠金融

让那些因恐怖主义和冲突、环境破坏、贫困和歧视而无法使用金融服务或经济状况不稳定的人，都能使用基本的金融服务、享受金融服务带来的好处的机制，就是普惠金融。普惠金融通过活用区块链等新技术逐渐让这些成为可能：为没有银行账户的个人提供存款和汇款的机会，或者为融资困难的新兴公司提供贷款等，最近还出现了针对难民的信用卡服务等。这些服务可以通过社交媒体等的账号来完成身份验证。

6. 5G

5G是"5th Generation"的简称，指的是"第五代移动通信技术"。其具有"高速率、大容量""高可靠、低时延通信""支持多个设备同时连接"三大特点。为应对当前视频流量的增长，5G投资正在逐步推进，日本于2020年春季开始提供5G商用服务。5G的移动网络网速最高可达每秒1~10G，下载一部长电影，4G需要8分钟左右，而5G只需要5秒。在多个设备和软件之间进行数据交换时，也不存在弥补处理速度和传输速度的差距的缓冲，以及临时将收发数据存储在专门的存储区以防网速变慢或中断的缓冲。利用这些特点，5G不仅可以提高手机用户的连接能力，还可以提高机械、物品和设备的连接能力。

7. 数字孪生

数字孪生是指通过物联网等获取物理空间中的信息，以收集到的数据为基础，在数字空间中再现孪生物理空间的技术。一般认为，数字孪生备受瞩目很大程度上是由于物联网的普及。通过数字孪生技术，可以在虚拟空间中模拟物理空间未来的变化，并为将来可能发生在物理空间中的变化做好应对准备。具体来说，就是可以将工厂建造、设备制造、城市建设等所有现场的物理空间复制到数字空间中，并通过预先模拟、分析和优化，将其反馈到物理空间中。基于这样的特点，它含有"数字双胞胎"的意思，因此被称为数字孪生。

结束语

准备迎接互联网的革命
——NFT 未来的发展

从基础知识到应用的可能性，本书触及了NFT相关的各种话题。读完之后，您有什么感受呢？如果各位读者对NFT有了更深入的了解和更浓厚的兴趣，哪怕只有少许，我也会不胜欣喜。

NFT不是目的而是手段

NFT一词，本身就有一种特立独行的感觉。此前我作为律师提供的许多商业创意中，就有诸如如果是NFT就会很畅销、说起NFT就代表着很赚钱等事例，似乎NFT本身就是目的。

在2022年1月28日举行的"Web 3.0 Conference Tokyo"上，以太坊的设计者维塔利克·布特林作为嘉宾受邀出席。当被问及NFT项目时，他回答说："我感兴趣的NFT，并不是只以NFT为特征的NFT。"

这一信息也可以解释为：NFT这种技术和想法本来应该是实现某种目的的手段，不能把NFT本身当作目的。

NFT普及的关键是元宇宙吗?

今后，NFT要想被普通消费者所熟悉，并真正地渗透到他们的生活中，我认为还有很多课题在等着我们。其中最关键的是，出现一项能让普通消费者广泛接受NFT实用性的服务。我认为，元宇宙就是候选之一。

恰巧，Facebook宣布将公司更名为"Meta"，并宣布将在元宇宙领域进行集中投资。该公司的完整名称是Meta Platforms, Inc。我认为，"Platforms"这一复数形式的词语，表明了该公司想要建立一个基于多个平台的开放式元宇宙和多重元宇宙形式（即Web 3.0式）的生态系统，而不是单一平台的（即Web 2.0式）中心式服务，并主导其发展。

在《周刊东洋经济》（2022年1月29日刊）的特辑《全解加密货币&NFT》中，Facebook Japan的董事长味泽将宏评价道，该公司的目标是"互操作性"，即"不是一个封闭的世界，而是一个（与各种虚拟空间）相互连接、自由往来的世界"。

拓展元宇宙应用大致有三个方案：①像Microsoft和Meta宣传会议系统的演示那样，因"业务需要"进行拓展；②诸如短视频共享服务抖音等，因年轻人主导的快速发展趋势的变化而拓展；③利用以游戏和动画等特定主题为核心的社群进行拓展。无论是哪种方案，从确保元宇宙空间的互操作性的角度来看，区块链和NFT作为基础设施乃至基本概念被利用的可能性都很高。

并且，当确保互操作性的元宇宙空间的利用普及之时，其中持有、消费的数字内容背后的NFT这一概念，或许普通消费者已经习以为常。毋宁说，这时NFT才正式开始普及。

为接下来的发展做好准备吧

目前，我还不能确定我的预测是否准确。但是，NFT及其相关业务并没有作为一个简单的流行词像烟花那样转瞬即逝，而是在不断地经历各种成功和失败的过程中扩大其应用领域，并逐渐积累着深入社会的力量。

我希望本书能够帮助各位读者打开NFT的大门，为迎接NFT即将到来的全面扩张期做好准备。

本书是一本入门书，因此比起叙述的严密性和全面性，它更注重通俗易懂的叙述方式。通过本书对NFT产生兴趣、想深入了解NFT的读者，或许可以适当地配合使用前言中介绍的《NFT教科书》。

增田雅史

本书共分六章，分别从"数字数据变成资产！NFT商业的可能性""NFT商业的大前提！'区块链'的基础知识""实践！用NFT获利的捷径""规避风险！了解更多有关NFT的法律和会计知识""音乐、时装、体育……NFT商业的广泛应用与活用""十年巨变！未来NFT商业的预测图"等方面对NFT的方方面面进行了阐述。书中不仅使用了大量的插画，而且结合了日常生活中的相关案例，使本书的内容一目了然、通俗易懂。

　　本书对想初步了解NFT的读者非常有帮助。通过阅读本书，我们不仅可以厘清NFT的基本概念、掌握NFT所涉及的技术，还可以了解NFT对我们的实际工作和生活产生的巨大影响，对于我们初识NFT大有裨益。

デジタルデータを資産に変える最先端スキル！NFTビジネス見るだけノート
増田雅史

Copyright © 2022 by Masafumi Masuda

Original Japanese edition published by Takarajimasha, Inc.

Simplified Chinese translation rights arranged with Takarajimasha, Inc.,

through Shanghai To-Asia Culture Communication., Co Ltd.

Simplified Chinese translation rights © 2022 by China Machine Press

北京市版权局著作权合同登记　图字：01-2022-3911号。

图书在版编目（CIP）数据

　　图解NFT：将数据转化为资产的能力 / （日）增田雅史著；刘洪岩，王春芸译. —北京：机械工业出版社，2022.11
　　ISBN 978-7-111-71954-0

　　Ⅰ.①图…　Ⅱ.①增…②刘…③王…　Ⅲ.①区块链技术-图解　Ⅳ.①F713.361.3-64

　　中国版本图书馆CIP数据核字（2022）第203638号

机械工业出版社（北京市百万庄大街22号　邮政编码100037）
策划编辑：坚喜斌　　　　责任编辑：坚喜斌　侯振锋
责任校对：史静怡　王明欣　责任印制：李　昂
北京联兴盛业印刷股份有限公司印刷

2023年1月第1版第1次印刷
145mm×210mm·6.875印张·200千字
标准书号：ISBN 978-7-111-71954-0
定价：59.00元

电话服务　　　　　　　　　网络服务
客服电话：010-88361066　　机　工　官　网：www.cmpbook.com
　　　　　010-88379833　　机　工　官　博：weibo.com/cmp1952
　　　　　010-68326294　　金　书　网：www.golden-book.com
封底无防伪标均为盗版　　　机工教育服务网：www.cmpedu.com